Biblioteca pesimista

Edgar Saltus

La filosofía del desencanto
(selección)

Introducción H.W. Gámez
y Fernando Burgos

Selección, traducción y prólogo
Fernando Burgos

Biblioteca pesimista

sequitur

sequitur [sic: *sékwitur*]:
Tercera persona del presente indicativo del verbo latino *sequor*:
procede, prosigue, resulta, sigue.
Inferencia que se deduce de las premisas:
secuencia conforme, movimiento acorde, dinámica en cauce.

Diseño cubierta: Inda Anaiis Navarrete Durán

© Ediciones sequitur, Madrid, 2025

www.sequitur.es

ISBN: 978-84-128025-5-9

Impreso en México

Índice

Prólogo
EDGAR SALTUS Y SU OBRA PESIMISTA

Fernando Burgos

En la década de los ochentas, Edgar Evertson Saltus (1855-1921) escribió novelas y ensayos notables que lo posicionaron como un escritor inglés relevante. Saltus fue leído por Oscar Wilde, y Henry Miller incluyó la novela *Púrpura imperial* como uno de los cien mejores libros de su biblioteca personal. El anglosajón gozaba de tanta fama que conoció a Eduard von Hartmann, Victor Hugo y Paul Verlaine. Su obra en general es definida por Kevin Taylor como "la encarnación de la decadencia estadounidense durante el fin de siglo". Sin embargo, la fama no le duró mucho, pues tras su muerte, fue olvidado de la escena literaria americana.

A día de hoy, se habla, escribe y discute muy poco sobre sus novelas. En español recientemente se publicó una edición de *Púrpura Imperial* y Wilde: *Impresiones de un odioso* (2021), pero fuera de esto existe muy poco interés por el escritor norteamericano. Pero Saltus no está condenado al olvido, pues recientemente se habla de él en los círculos pesimistas gracias a que en 1885 escribió un estudio-ensayístico titulado, *La filosofía del desencanto* (*The Philosophy of Disenchantment*). A grandes rasgos, este libro resume los sistemas filosóficos de Schopenhauer y Hartmann, y pretende señalar los puntos más importantes del pesimismo alemán para hacerlos comprensibles al mundo anglosajón.

A pesar de su importancia, el libro de Saltus no causó algún tipo de interés para el americano promedio e intelectual. Su obra se discutió muy poco durante el siglo XX. Beverley E. Warner dirá que ni siquiera se debe criticar el pesimismo porque sus cimientos no son sólidos, y pues si se ve en la necesidad hacerlo, es porque su compatriota se ha sumado a simpatizar con dicha corriente (1888: 880).

No obstante, en las últimas décadas, con el surgimiento del pesimismo, autores reconocidos en lengua inglesa, como Thomas Ligotti (2010: 47) y Eugene Thacker (2015: 35), rememorarán su nombre. Esto permitirá que su obra comience a ser rescatada en los círculos pesimistas, señalando que es un autor importante al que hay que prestarle atención.

En 2014, Kevin I. Slaughter editará en inglés *La filosofía del desencanto* y *La anatomía de la negación* bajo el sello editorial, Underworld Amusements, con un prólogo de Chip Smith, en donde concluirá que,

> La prosa cristalina de este escritor es un reflejo lírico de los sentimientos de todas las épocas. Era un escritor fascinante. Y aunque su obra siga languideciendo en la oscuridad junto con la de tantos otros pensadores y literatos olvidados, lo cierto es que a los intrépidos buscadores de la verdad les aguarda una terrible emoción si se aventuran más allá de la solitaria nota a pie de página para recibir el sombrío veredicto de un miserabilista olvidado y, tal vez, de un espíritu afín.

Con esta reedición, selección, introducción y traducción que presentamos, la obra pesimista de Saltus se relé y se le rescata del olvido. Además, agregamos un ensayo inédito titulado "Lo que no es el pesimismo".

Ambas obras son sustanciales para entender el pesimismo saltusiano, lamentablemente la mayoría de sus críticos y reseñistas ignoran la existencia del segundo, porque las investigaciones que se han hecho han sido superficiales e ineficientes. De ahí que decidamos traducir las partes más importantes (cap. 1 y 6) de su obra principal, el ensayo ya mencionado, y el último párrafo de su *Anatomía de la negación* (1886), obra que sin bien no es del todo pesimista, contiene pasajes pesimistas de gran interés, que por su extensión no puede tener cabida en este pequeño libro.

✳✳✳

Agradezco a Paolo Gajardo Jaña por la revisión de algunos pasajes de difícil traducción. A José Carlos Ibarra Cuchillo le debo mucho, porque sin él, este librito dedicado a Saltus no hubiera visto la luz. ¡Gracias por presentarme a un escritor apasionante! Por último, y no el último, extiendo mi deuda con H. W. Gámez por haber hecho parte de la introducción. Sin tu disposición nada de esto podría ser posible.

Introducción
Edgar Saltus y el pesimismo anglosajón

Fernando Burgos y H. W. Gámez

1. El dandi neoyorquino

En la provincia pesimista, estamos acostumbrados a vérnoslas con hurañas personalidades rayanas en la marginalidad voluntaria; poco hace falta decir respecto al ostracismo que fatigó a la estrella polar de esta escuela durante casi toda su vida (Safranski, 2011: 431). Mainländer diría de sí mismo que pertenecía a esa clase de personas que "se ocultan de tal modo ante todas las criaturas que nadie podría decir nada, ni bueno ni malo, de ella" (Rauchenberger, 2024: 604). Respecto a Eduard von Hartmann, si bien gozó de gran notoriedad en vida, no obstante, su lesión de rodilla le condenó a restar postrado en su cama la mayor parte del tiempo; y qué decir de aquel histriónico Julius Bahnsen, quien tal vez por su temperamento, quizá por su abstrusa prosa o incomprendida genialidad, no tuvo más remedio que habitar la inhóspita Siberia intelectual que era Pomerania (Beiser, 2023: 332). Para aquellos que esto se les antoje, con razón o sin ella, denominador común de los pesimistas, bien encontrarán en Edgar Saltus un *rara avis*.

Edgar Everston Saltus (1855-1921), novelista y ensayista nacido en Nueva York, es de esos de quienes bien podría aseverarse que, para conocerle, no sólo se debe atender a qué hizo o qué pensó, sino también a quien y como amó; pues si algo resulta nítido en su biografía es el hecho de que encarnó junto a su hermano Francis Saltus Saltus, como dijera Van Wyck Brooks, el dandismo tanto en prosa como en apariencia (Wier, 2008: 24).

Nacido en una familia que había dilatado su riqueza mediante la adquisición de vastas extensiones de tierra ricas en hierro, el bohemio neoyorquino ensanchó su hacienda mediante un matrimonio con Helen Sturgis Reed, la hija de un socio del J. P. Morgan Bank; mas, totalmente inadecuado para ser el marido de cualquier mujer (tal y como dijera Marie Flores Giles, su tercera esposa), su primer matrimonio estuvo condenado al fracaso desde el principio. Helen Sturgis gustaba de recibir a sus invitados en su habitación de la Five Avenue ante una ostentosa mesa italiana de madera de olivo. De entre los usuales a sus veladas se encontraba una joven perteneciente a una de las más antiguas familias del país. Dada la frecuencia de sus visitas, era de esperar que estrechase vínculos con el señor Saltus, pero como en esas ocasiones en que los hados del azar parecen invitar a uno a cometer un acto deshonesto en base a la equívoca conclusión de que la casualidad no puede ser tan caprichosa, el díscolo filósofo ya había conocido a la pletórica muchacha anteriormente. Según narra Marie Flores Giles (1925) en su obra *Edgar Saltus, the Man*, ambos habían mantenido un "seminoviazgo" durante sus respectivas estancias en Alemania, no pudiendo formalizar su unión debido a que eran demasiado jóvenes por aquel entonces como para plantearse un matrimonio (56-57).

Al descubrir Helen Sturgis la aventura ensayada durante la juventud de los otrora enamorados y consumada adúlteramente, presentó una demanda de divorcio señalando a su antigua amiga como corresponsable, mas omitiendo honrosamente su nombre. Este traspiés podría haber restado a modo de desdicha personal de no ser por el hecho de que Saltus era ya un novelista notable, destacado especialmente en el género que podría catalogarse de "erótico" (Taylor: 2020). Además, perteneciendo Helen Sturgis a la flor y nata de la sociedad neoyorquina y la anónima joven miembro de una pudiente y notable familia, el escándalo era inevitable. Se publicaron intrigas y habladurías en los periódicos sobre la ruptura del célebre matrimonio, granjeándose así Saltus de forma indeleble la fama de Casanova.

El filósofo sublimó el evento mediante la publicación de la novela *Madam Sapphira*, uno de los varios libros y ensayos basados más o menos libremente en muchachas de familias prominentes; entre dichas obras cabe destacar *Our Foreign Princesses*, *The Heiress* y *Daughters of the Rich*, todas ellas inspiradas en sus aventuras, una de ellas acaecida poco después de su divorcio con Helen Sturgis. En esta ocasión, el Apolo de bolsillo (M. Saltus: 1925: 62) fue herido por la flecha dorada de Aimeé Crocker, dama divorciada, rica y "heroína de muchos romances" (*idem*); según narra Marie Flores Giles en su tributo a Saltus. Durante este amorío, Saltus estaba comprometido con Elise Smith.

Tras casarse por segunda vez en 1895, su reciente esposa encontró tórridas cartas de Aimeé Crocker, las mismas que descubriera la propia Marie Flores durante la redacción de la biografía de Saltus. Estas misivas, catapultaron al matrimonio a una inevitable ruptura. Aunque alguno podría sentirse tentado a compadecerse de su segunda esposa por haber sido víctima del epicúreo apetito del filósofo, cabe destacar que cuando Helen Sturgis obtuvo la sentencia por adulterio, el nombre omitido no fue otro que el de Elise Smith (Taylor, 2020); y si definimos la necedad como la fatal esperanza de que los mismos actos produzcan efectos distintos, bien podríamos considerar que la señora Smith actuó de forma necia.

Con todo, Edgar Saltus encarnaría parcialmente la figura de dandi si su biografía se redujera a una ristra de aventuras amorosas y fatídicas infidelidades, pues el hombre bohemio tiene el imperativo existencial de colmar todos los ámbitos de la vida social; así pues, esta escueta biografía se antojaría incompleta si no se hiciese mención de las amistades que frecuentó. De todas ellas, la más reseñable es sin duda la que mantuvo con el célebre Oscar Wilde.

Su primer encuentro fue en un local neoyorquino, el Demonico, "poco después de que le dijera a nuestra aduana local que no tenía nada que declarar más que su genio" (Saltus, 1917: 14). Se volvieron a encontrar posteriormente en Londres, principalmente en locales y cafés de los cuales era habitual el poeta. Saltus se refiere a Wilde como "una persona amable, sana y alegre; un hombre que hacía cumplidos porque, como él mismo decía, no podía hacer nada más" (17); pero de sus aptitudes literarias no tenía una tan alta consideración; si bien Saltus aseveraba que podía hablar sobre cualquier tema, fuera cual fuera, mejor que cualquier mortal, que sólo una vez le oyó decir un tópico y que "exudaba ingenio y se sumergía en él con una serenidad desconcertante", no obstante también indica que "hablaba mejor de lo que escribía" (16):

Letras, sí, pero minúsculas. Wilde era de segunda clase, pero nunca de primera. La prosa es más difícil que el verso y en ella era bastante descuidado. A pesar de ello, o tal vez precisamente por eso, se autodenominaba "señor de la lengua". Bueno, ¿por qué no? En su conversación era Lord y aún más: sultán, *pontifex maximus*. Hook, Jerrold, Smith, Sheridan, todos juntos, no podrían haber sido tan brillantes. Al hablar cegaba y era el asombro cada vez menor lo que contenían sus obras (24).

A pesar de estas duras consideraciones, ambos mantuvieron una relación aparentemente cordial, a caballo entre la adulación y la condescendencia. Saltus afirmó de la tragedia *Salomé* que despertó una tempestad que sopló por la Europa artística y que sus últimas líneas le hicieron estremecerse. Por su parte, Wilde rindió el tributo propio a *Mary Magdalen: a Chronicle*, afirmando que era un libro extraño, pesimista, venenoso y perfecto (Taylor, 2020).

En cualquier caso, el testimonio más ilustrativo del juicio de Saltus (1917) respecto a Wilde lo seguimos encontrando en su *An Idler's Impression*, el cual concluye con unas palabras que no pueden menos que resultar ambiguas:

En la época postpagana, creó un nuevo concepto de belleza. A parte de eso, no tiene nada que ver con las artes, excepto el arte de no desagradar, que, en sí mismo, es todo el secreto de la mediocridad. Oscar Wilde carecía de ese arte y no se me ocurre mejor epitafio para él (26).

2. *Ars longa*

Como en la esfera social, asimismo coqueteó Saltus con diversos géneros literarios, siendo de especial mención la literatura y la filosofía; en total, publicó en torno a dieciocho novelas, más de una docena de libros de historia, biografías y un volumen de poemas. Tradujo también a Balzac, Gautier y Barbery d'Aurevilly. Su época de mayor relevancia fue con sus novelas que satirizaban la sociedad neoyorquina.

El cénit de su notoriedad puede tasarse en la temprana década de los 90, con la publicación de *Imperial Purple*, una novela histórica basada en las peripecias de Seutonio, Tácito y el disoluto imperio romano, desde Julio César hasta Nerón, pasando por Tiberio, Calígula, etc. Treinta años después reeditó su proyecto en *The Imperial Orgy*, proyectando su afilado ingenio en la decadente Rusia de los Zares en esta ocasión.

Previsiblemente el interés de Saltus por estos periodos históricos no era genuino, sino que representaban más bien una feliz excusa para denunciar y parodiar la hipocresía de la decadente sociedad neoyorquina y americana de su época; de este modo, bajo el aparente blasón de la curiosidad histórica, pudo el filósofo abordar temáticas que bajo el palio de otro género habrían resultado escandalosas (Taylor, 2020). Tal vez este fuera el secreto de su éxito, pues mostrando la perfidia de una Roma o Rusia contumaz y depravada a la par que espiritualmente huera, los petulantes banqueros, herederos de extensas tierras e hijitas ataviadas con ostentosos vestidos, encontraron la unidad de medida de sus mezquindades, pero mediante un avatar suficientemente lejano como para poder gozar de esa vileza sin la mala conciencia que resulta de saberse agente de la misma.

No obstante, en los últimos años de su carrera pasó relativamente inadvertido, trabajando para periódicos y procurando repetir sus anteriores éxitos (Wier, 2008: 23-25). Algunas declaraciones suyas en misivas[1] no pueden por menos que recordar a la temprana fama y ulterior olvido que experimentara Eduard von Hartmann, insuflando así

---

1. "Mis obras se leen con tal admiración, que las personas están locas por conseguir una foto mía, de cualquier tipo, naturaleza o descripción… Mi fama se extiende como una conflagración, y tampoco en proporción aritmética, sino geométrica o incluso cúbica" (vid. Taylor, 2020).

un hálito de pertinencia a la célebre sentencia citada por Schopenhauer en *Parerga und Paralipomena*: *quod cito fit, cito perit* (PP II, 20, 242, [495]: 477).

Y de este modo, arropado por un tímido olvido, como tímida fuere su fama, pasó el resto de sus días. Marie Flores Giles le asistió en sucesivos ataques al corazón, mientras Edgar Saltus abandonaba su temple casanovesco para ir encarnando paulatinamente el semblante de un pesimista programático. En los últimos momentos de su vida, cuando ya empezaba a meditar sobre las condiciones de su funeral, el filósofo indicaría a Marie (1925):

No dejes que un público curioso venga aquí a mirarme después de que esté fuera de mi cuerpo. Déjame ser olvidado. No he hecho nada que valga la pena. Serán mis errores los que me recordarán en todo caso. Desde que comencé a tomarme en serio, he vivido en la semioscuridad. Déjame seguir el mismo camino. No publiques nuestra dirección en los periódicos para que venga una multitud de curiosos. Haz un simple servicio teosófico sobre mi ropa vieja y ¡por el amor de Dios! Nada de luto en ninguna parte, ni sobre ti ni en habitación alguna (315-316).

3. El pesimismo más allá del continente

Actualmente la obra literaria de Saltus no se lee, como sí ocurre con Oscar Wilde. En los últimos años se ha escuchado un breve eco de su nombre en los círculos pesimistas de habla inglesa porque escribió un libro titulado, *La filosofía del desencanto* (*The Philosophy Of Disenchantment*, 1885). Saltus calificó esta obra de ser "el libro más sombrío y peor jamás publicado" (1893, 177-178). El libro, conformado por seis capítulos, está dividido por tres temáticas. En la primera parte hace un recuento del pesimismo a lo largo de la historia occidental, mientras que en los capítulos dos, tres, cuatro y cinco hace una exposición introductoria de los sistemas de Schopenhauer y Hartmann, siendo el último capítulo un ensayo de lo que para él es el pesimismo.

Este último capítulo es corto, pero sustancioso, puesto que es un intento por trasladar el pesimismo alemán al mundo angloamericano. Esta interpretación que hará del pesimismo (sobre todo del de Hartmann) tendrá ciertas características particulares (pesimismo científico y progresivo) que adaptará a un mundo que apenas empezaba a entender las propuestas de los pesimistas teutones, pero que no era ajeno a esta sensibilidad. Por tal razón, primeramente, se debe indagar en la mentalidad, las fuentes pesimistas y decadentistas del mundo anglosajón de mitad del siglo XIX, para después comprender por qué Saltus propone eso que llamará pesimismo científico y progresista. Su propuesta, en este sentido, no está desconectada de los intereses del mundo al que pertenece, sino que se presenta como sintomática. Para concluir se explorará brevemente cómo esta propuesta esbozada por Saltus alcanzará su maduración en el pesimismo anglosajón de David Benatar.

4. El problema del pesimismo en el mundo anglosajón

La tesis que propone Ralph Goodale (1932), es que existe un "English pessimism" anterior y posterior a la recepción de las obras de Schopenhauer y Hartmann. Como es bien conocido, el pesimismo en su primera disputa comienza (en parte) a partir de 1853 con el artículo de John Oxenford, 'Iconoclasm in German Philosophy'. Si bien, esta reseña está escrita en inglés para el mundo anglófono, realmente terminará por retornar a Alemania. Es en dicho país donde el pesimismo será ampliamente discutido, mientras que en el mundo anglosajón no habrá interés salvo por unos cuantos artículos escritos en dicha lengua, pero no generarán una genuina recepción. Realmente la recepción comienza entre los setentas y ochentas, con el interés por

Hartmann y por las primeras traducciones al inglés de *El mundo como voluntad y representación* (1883-86) y *La filosofía del inconsciente* (1884). Anterior a esto, Schopenhauer y Hartmann no tendrán una influencia pesimista en los escritores ingleses, y según Goodale, algunos, después de esta recepción, ni siquiera los habrán leído y aun así llegarán a conclusiones pesimistas en sus obras: "Parece seguro que el pesimismo habría surgido después de 1875 sin la influencia de Schopenhauer; y es muy dudoso que sus enseñanzas influyeran en gran medida en el curso de su desarrollo" (261).

Pero la pregunta más importante que se le podrá formular a Goodale es, ¿en qué consiste ese pesimismo inglés que pudo subsistir con o sin la influencia de Schopenhauer y Hartmann? Una teoría filosófica suele tener uno o varios representantes. Haciendo un análisis del artículo de Goodale se concluye que no existe ningún representa anglosajón al cual se deba ese "pesimismo inglés". No se puede afirmar su existencia, pero sí se puede concluir que hubo un estado de ánimo pesimista en los escritores anglosajones que partían de ciertas causas sociales particulares que potenciaron dicha sensibilidad y que terminaron por reflejar en sus obras literarias. Goodale señala que este estado de ánimo no era nuevo, pues todas las épocas las compartían, sólo que esas causas señaladas hicieron que se generalizara dicho estado en los escritores angloparlantes: "probablemente se habrían sentido melancólicos en cualquier época; pero ahora su melancolía era irremediable" (248).

El segundo problema es que, al no ser una filosofía definida por pensadores específicos, no repercutió en los filósofos anglosajones de la época, sino en los escritores de narrativa y poetas. Esto es muy importante, porque la filosofía anglosajona estará marcada por el empirismo, el pragmatismo y la lógica, y, por lo tanto, no tendrán ningún interés por temas como el valor de la vida o lo trágico. Aunque los personajes de estos escritores representaran una actitud pesimista ante la vida, no llegaron a generar alguna discusión filosófica sobre las tesis pesimistas, como sí lo fue el poema, 'Ensayo sobre el hombre' (1733-34) de Pope o el 'Poema sobre el desastre de Lisboa' (1755) de Voltaire. Su pesimismo, como veremos más adelante, contendrá tesis pesimistas similares a la de los alemanes, pero no llegarán a ser explícitas. De ahí que se imposibilite un pesimismo inglés en la filosofía anglosajona de mitad del siglo XIX, pues los intereses de esta filosofía serán otros.

Antes de comenzar a analizar esas causas sociales que potenciaron el estado de ánimo pesimista en el mundo anglosajón, se debe esclarecer la mentalidad del ciudadano americano promedio, pues una cosa eran sus intelectuales y otra los ciudadanos de costumbres. Estos ciudadanos, como señala Claire Sprague en *Edgar Saltus* (1968), consideraban que era de "mala educación cuestionar el valor de la vida" (36). Para un mundo en donde el optimismo impera y progresa materialmente, ¿por qué necesitaría problematizar su vida con preguntas de este tipo? ¿Por qué si el ser humano puede mejorar sus condiciones de vida mediante el esfuerzo individual, debe dejarse arrastrar ante un mundo irracional, pesimista y aprogresista? En síntesis, como dirá Tweed Thomas (1992), los pilares de la mentalidad estadounidense descansaban en "la cultura victoriana... el teísmo, el individualismo, el activismo y el optimismo" (xxiii), y era evidente que el pesimismo, que propone temas opuestos, no socavaría estos cimientos. Sidney Hook (1959-1960), dirá que "hay más cosas en la vida que el sentido de lo trágico. Hay risa y alegría y la disciplina sustentadora del trabajo. Hay otras dimensiones de la experiencia además de la moral. Hay arte, ciencia y religión" (26). Y aunque intenta señalar la importancia del sentido trágico en la vida, dirá que "el pragmatismo, tal y como yo lo interpreto, es la teoría y la práctica de ampliar la libertad humana en un mundo precario y trágico mediante las artes del control inteligente" (26).

El estadounidense promedio ve el mundo de manera optimista, es irreflexivo, ama sus costumbres y se adapta a ellas. El intelectual ve un malestar en su cultura, pero solo las enuncia en sus personajes, no llega a su explicitación filosófica. Hay una contradicción en el mundo angloparlante y es uno de los problemas que Saltus intentará remediar en su obra, pero ahora se deben explicitar esos rasgos que potenciaron un estado de ánimo pesimista en los intelectuales ingleses.

5. ¿Hubo un pesimismo inglés?

Los personajes representados en obras de Byron, Carlyle, Tennyson y Arnold, creen que la vida es irracional, que no tiene propósito o que la vida es dolorosa. Estas ideas pesimistas provienen, más que de los sistemas filosóficos de Schopenhauer y Hartmann, de causas provocadas por el pensamiento científico y escéptico, y es ahí donde debemos buscar sus fuentes para comprender sus orígenes.

El pesimismo de la futilidad (*pessimism of futility*), que estará marcado antes de la incursión de Schopenhauer, proviene principalmente del avance del pensamiento científico y crítico, y sobre todo a la decepción que traen las esperanzas de la mejora social. En la primera mitad del siglo XIX, el ser humano había progresado en su emancipación, que poco a poco fue excluyendo el dogma religioso. Si este comenzaba a desplazarse, ahora debían preguntarse cuál es propósito de la vida. Las matemáticas y la ciencia intentaron buscar dicho propósito mediante medios lógicos, pero todo resultó en desastre. Si Dios no da sentido, ni hay un más allá, ¿qué le queda al ser humano? Sin duda, al no haber una finalidad trascendental, lo que hay es una vida de azar, sin valor ni sentido. Este pesimismo de la futilidad quedará marcado en autores como Clough, Carlyle, Emily Brontë, Matthew Arnold, John Addngton Symonds y Herman Melville.

Otro aspecto importante fue que el mismo debilitamiento del dogma religiosa trajo consigo la desilusión, pues cuando se pierde la creencia en la inmortalidad y el papel principal del ser humano en el cosmos, se pierde el interés por la vida. Esta causa también pudo potenciar el pesimismo de la futilidad. Es en las obras de Tennyson, Mallock, Eliot, Naden, Noel, Romanes, Veley White y Savage-Armstrong donde podemos ver esta pérdida del sentido y del valor de la vida.

Los avances científicos mostraron al anglosajón sentimientos de sublimidad ante la inmensidad que terminaron por potenciar dicha sensibilidad en los escritores de la época. Por ejemplo, la geología demostraba cómo las formas de vida aparecían y desaparecían de manera despiadada, mostrando la fragilidad humana. Los avances astronómicos mostraban el gran universo en el que se habita, y esto provocó un efecto irónico y de absurdidad. En esta sensibilidad ante la magnitud del universo de esta desilusión encontramos las obras de Tennyson, FitzGerald, Hardy, Noel y Henley. Es casi una certeza que la ciencia, al demostrar la falta de objetivo en la naturaleza, fue influencia de dichas mentes literarias. Esto, y la pérdida del sentido religioso, hizo que la melancolía fuera irremediable.

De igual forma, la biología potencia dicho pesimismo con la continua lucha en la que están las formas vivas y con la evolución que surge de esta. El origen de las especies y la crueldad de la naturaleza fue el promotor de esta sensibilidad, que prontamente encontró cobijo en obras escritas entre 1871 y 1900, por escritores como Noel, Hardy, Henley, Lee-Hamilton, Allen y Moore.

Por lo tanto, la conclusión a la que se puede llegar es que el pesimismo de la Inglaterra y América de finales del siglo XIX se debe a ciertas causas sociales que claramente habían empezado a actuar antes de que se conociera a Schopenhauer y a Hartmann. Es cierto, Schopenhauer aportó el nombre de "pesimismo" y contribuyó así a dar publicidad a los estados de ánimo de desaliento que se han agrupado bajo ese epígrafe. Tanto Schopenhauer como Hartmann fueron ampliamente discutidos y citados, especialmente después de 1879, pero la filosofía pesimista en general parece más bien haber sido atraída a la prominencia por el aumento del pesimismo que de haber causado ese pesimismo. Es cierto, algunos autores muestran el uso ocasional de las ideas de Schopenhauer, al menos después de 1887, pero no demuestra que haya sido una influencia decisiva en algún autor inglés.

Estos escritores de mitad del siglo XIX se apropiarán de esta sensibilidad pesimista y la reflejarán en sus obras literarias. Sus personajes llegarán a consecuencias pesimistas, pero no a causa de Schopenhauer o Hartmann. Es la misma época de las causas sociales y las consecuencias científicas que los desilusionará. Goodale dice al respecto: "En varios casos se dice que los pesimistas novelistas han leído a Schopenhauer porque se sintieron atraídos hacia él por la comunidad de sentimientos; pero no se dice que el estudio de la filosofía los haya hecho pesimistas" (245). Edgar Saltus, a decir verdad, es una *rara avis* con su *Filosofía del desencanto*, pues solamente él se atrevió a simpatizar y apoyar el pesimismo alemán.

Saltus apareció con su *Filosofía del desencanto* en un momento clave para la incursión del pesimismo en el mundo inglés, pues es justamente en esta década cuando comienza el interés por Schopenhauer y Hartmann. De ahí que tenga el gran reto de hacer accesible estas ideas en donde el pragmatismo, el teísmo, el progreso, el cientificismo, el optimismo y el individualismo imperaban. Ante la pérdida de la religión, del sentido, ¿qué podría sustituirlo? Ante un pueblo de costumbres eminentemente optimistas y progresistas, ¿cómo promover el pesimismo? Ante un progreso y la aspiración de la felicidad terrenal mediante la lucha del éxito y del hombre de negocios, ¿cómo promover la infelicidad? Es en la decadencia espiritual norteamericana donde podía congeniar con estas ideas y Saltus podría hacerla compatibles, pero también tenía el reto de llegar al americano común. Por ello, como dice Sprague: "Históricamente, el pesimismo de Schopenhauer es un valioso correctivo del racionalismo", mientras que el pesimismo de Saltus es "un correctivo a los valores de Washington Square y Wall Street y, por extensión, de los Estados Unidos en la década de 1880" (38). Por ello, Saltus, en el último capítulo de su *Filosofía del desencanto*, escribe, más que un capítulo, un ensayo, donde prioriza ideas específicas: la apuesta por el pesimismo científico y el progreso, pero, sin la aspiración de la felicidad.

Antes de contornear el pesimismo por el que aboga, Saltus debe demeritar aquel estado de ánimo pesimista del que se ha apropiado el mundo anglosajón que parte de las distintas causas sociales, como la pérdida del sentimiento religioso y de la futilidad de la existencia ocasionada por el escepticismo. El pensador inglés señala una serie de pesimismos que podríamos denominar subjetivos, los cuales califica de "temperamental", "hosco" y "fortuito". De estos pesimismos subjetivos dirá que son "estas formas las que se encuentran en la vida cotidiana y en la literatura". Saltus, no era ajeno a estos temperamentos en el mundo anglosajón que habitaba, pues convivía con ellos, y en sus mismas historias sus personajes se apropian de ellos, sin embargo, "es precisamente con estos tipos, que surgen de la disposición y el temperamento del individuo que los exhibe, con los que el pesimismo científico nada tiene que ver". Por ello, para señalar que no tienen ningún fundamento teórico en el cual sostenerse, erradica estos rasgos subjetivos del temperamento pesimistas de los ingleses. Se han apropiado de una sensibilidad, pero han errado porque no han llegado a definirse como una teoría seria, pues para él el pesimismo ha progresado y se ha vuelto científico.

La noción más problemática es el de "pesimismo científico", pues como bien señala Sprague, "el término, raramente utilizado por los dos propagadores alemanes de la doctrina, probablemente deriva de James Sully" (36). Este término realmente se formula a partir de la obra de Hartmann, no la de Schopenhauer, y está basado en que se puede calcular científicamente la vida en la tierra, poniendo la balanza en que hay más mal que bien el mundo. "Su pesimismo, subrayaron [Hartmann y Taubert], no es una metafísica y ni siquiera la presupone; es más bien una teoría estrictamente empírica sobre la posibilidad de alcanzar la felicidad y sobre la prevalencia del sufrimiento en la vida" (Beiser, 2022, 252). Justamente ese fue el interés de críticos como Sully, quien intentó deshabilitar esa posibilidad científica y empirista, y fue lo que causó más revuelo en las discusiones en el mundo anglosajón. Saltus, convencido de su posibilidad, en *La filosofía del desencanto*, señalará que quien valora la vida desde la individualidad, no puede ver las cosas desde la generalidad, ni puede ver del todo que su vida es una aflicción. Solo teniendo una perspectiva general de las cosas, bajo este pesimismo científico, se puede concluir que la (su) vida es sufrimiento y que la vida es una aflicción.

Para el pensador inglés, el progreso es fundamental para el pesimismo serio, porque "el progreso trae consigo una conciencia más clara de la miseria de la existencia y la ilusión de la felicidad". El mundo anglosajón puede seguir promoviendo el progreso, solo que con la excepción de que a mayor conciencia habrá mayor sensibilidad ante el sufrimiento y pronto nos daremos cuenta que la felicidad es una ilusión. En un ensayo posterior titulado, *Lo que no es el pesimismo* (1890), Saltus remarca que el pesimista "niega que la felicidad existe" y que el dolor "es el concomitante inevitable de la vida" (52-57). En este sentido, se debe apostar por el progreso para que el ser humano se desencante ante la vida, y en este sentido, dicho concepto no está alejado de la mentalidad anglosajona.

Sobre el papel del pesimismo como sustituto de la religión cristiana señala en el final del antepenúltimo capítulo dedicado a Hartmann:

> El lector, pues, puede permitirse ser un poco paciente con el pesimismo; teóricamente, aún está en pañales, pero con el paso de los años sus desatinos darán paso a la fortaleza; y aunque muchas de las teorías que ahora sostiene puedan alterarse, el principio cardinal e incontrovertible de que la vida es una carga permanecerá firme e inmutable hasta el fin de los tiempos. (207)

Para el escritor inglés, el pesimismo tiene muchos errores, pero también se pregunta, qué doctrina no los tiene. Absolutamente todas, solo que en el pesimismo ve un fuerte sustituto a la religión y es evidente que no simpatizará con estos sistemas metafísicos por ser especulativos. Como ya habíamos visto al principio, el mundo anglosajón perdía los ideales de la religión, y ahora habría que buscarle un sustituto. Saltus ve en el pesimismo, dice Sprague, "la religión del futuro" (40). Es aquí donde sus motivos por defender el pesimismo no están desconectados del mundo en el que habita, al contrario, los rasgos de su pesimismo son intentos de ofrecer una corrección del estado de ánimo pesimista del anglosajón, para encausarlo en el pesimismo científico.

El último punto es que es más probable que se pueda convencer al intelectual anglosajón porque está más en contacto con el mundo europeo, pero al ciudadano de "costumbres" que ni siquiera tiene por qué preguntarse por el valor de la vida porque considera que estas son preguntas de mala educación y además porque tiene una noción pragmática de la vida, ¿cómo se le convence o debe convencer? Su solución es que el mundo (su mundo) no está preparado aún para tal verdad:

> Es quizás por esta última razón, así como por la gran diferencia de opiniones expresadas sobre todos los temas, por lo que, en Inglaterra, y especialmente en América, se habla tan poco sobre este tema, que durante muchos años ha sido de interés para el resto del mundo pensante, y que cada año gana en fuerza e importancia.

Concluye diciendo que la resolución final es incierta, aunque sean solo teorías, debemos ver las cosas desde la generalidad, pues solamente así, se podrá ver que la vida es una aflicción. Por ello, el pensador no está seguro de si habrá una recepción del pesimismo alemán en el mundo anglosajón, pero al menos ya está configurada su compatibilidad.

Al final, Saltus no luchó y no se convirtió en el portador del pesimismo inglés... el propio desinterés provino del mismo escritor.

6. El legado de Saltus

En vida, Saltus, como dirá Sprague, solo "influyó en dos amigos" (36), y se terminó por comprometer mínimamente, y, "no pudo generar un grado suficiente de compromiso ni con el pesimismo... ni con un conjunto de convicciones" (43). Prueba de ello, es que hacía 1907 el pensador inglés simpatizará con la teosofía, pero tampoco con esta hará algún esfuerzo por propagarla. Su *Filosofía del desencanto* no generará un debate como lo fue la Filosofía del inconsciente de Hartmann. El escritor inglés fue más un escritor que simpatizaba con ideas, las escribía, luego pasaba página y volvía a hacer lo mismo con otras ideas, mas no se comprometía con ellas. Fuera de esto, su intento de introducir el pesimismo en el mundo anglosajón, señala, aunque de manera muy enunciativa, aquellas necesidades y desencantos del intelectual y el estadounidense promedio. Podemos decir que quería mostrarles a sus compatriotas lo que está debajo de la acera tras ese orden aparente. Quería mostrarles los gusanos, la suciedad, la repugnancia, la futilidad, la maldad inherente que hay en el mundo, pero fue un intento vano.

El siglo posterior, marcado por el pragmatismo, seguirá siendo optimistas, y la filosofía que prontamente se definirá como analítica, ignorará por varias décadas hablar sobre el valor de la vida. Hacia fines del siglo XX y principios del XXI David Benatar, partidario de la filosofía analítica, defenderá el antinatalismo. Este *revival* del pesimismo en el mundo anglosajón, tendrá en sus bases abordar el valor de la vida desde ese llamado "pesimismo científico". Solamente así el pesimismo volverá a tener un interés en el mundo anglosajón. Al considerar la filosofía de la historia, tal y como se hacía en el siglo XIX, la idea de progreso queda excluida por la imposibilidad de la filosofía de la historia, pero no la de ese pesimismo científico que tanto recalcó Saltus. En este sentido, Benatar es deudor de una tradición, que si bien, podría formularse como el "pesimismo inglés", sin embargo no existió. En esta imposibilidad de lo que no es ni será el pesimismo, dará paso a su posibilidad. Su rechazo y negativa y su salida en la literatura, contornó dónde no podía erigirse el pesimismo, y encontró una primera formulación en Saltus, que si bien, no difundió, sí encontró su primer respiro.

Es acaso esta la primera aurora en la filosofía anglosajona de algo que se intuía, pero no se formulaba desde hace doscientos años.

Edgar Saltus

FILOSOFÍA DEL DESENCANTO
selección

Houghton, Mifflin and Company
Nueva York, 1885

EDGAR SALTUS
(Nueva York, 1855-1921)

Filosofía del desencanto

Edgar Saltus

La génesis del desencanto

La trillada y común cuestión de la satisfacción y la insatisfacción es un tema que no sólo es de interés cotidiano, sino que en los últimos años ha reclamado tanto la atención de los pensadores, que han dividido ampliamente a la humanidad en aquellos que aceptan la vida sin más, como una posesión más o menos agradable, y aquellos que resueltamente llegan a la conclusión de que no vale la pena vivirla.

Considerada simplemente como un sistema de pensamiento, la primera de estas dos divisiones es evidentemente contemporánea de la humanidad, mientras que la segunda es de origen puramente moderno; porque desde los primeros tiempos el hombre, sin duda y con pocas excepciones, ha estado acostumbrado a considerar este mundo como el mejor posible, y a través de casi todos los credos y sectas ha considerado la felicidad como un derecho de nacimiento inviolable.

En el último medio siglo, sin embargo, ha surgido una nueva escuela que, al negar la posibilidad de cualquier felicidad, sostiene como primer principio que el mundo es un teatro de miseria en el que, si se diera la opción, sería preferible no haber nacido.

Al afirmar que esta visión de la vida es de origen netamente moderno, debe entenderse que lo es sólo en la forma sistemática que ha asumido recientemente, pues las expresiones individuales de descontento se han transmitido desde épocas remotas, y cualquiera que se preocupara de hurgar en los basureros de la literatura encontraría material suficiente para compilar un diccionario de citas pesimistas.

Para estas páginas se intentará hurgar poco, pero como la presentación adecuada del tema exige un breve relato de las ideas y opiniones en las que se acuñó, un examen momentáneo de la literatura general no causará, se cree, ningún reproche posterior por el tiempo malgastado.

Para comenzar, pues, por Grecia, cuya literatura tiene precedencia sobre todas las demás, se recordará que en tiempos pasados, cuando el ciudadano dedicaba la mayor parte de su actividad al bien común, los poetas cantaban del mismo modo los temas nacionales, los dioses, los héroes y los encantos del amor. Había, por tanto, pocas oportunidades para la expresión de ideas puramente personales, y todo el trasfondo de la poesía de la Antigüedad es, en consecuencia, brillante por su efecto optimista. No obstante, de vez en cuando surgen algunas quejas. Homero, por ejemplo, dice que el hombre es el ser más infeliz que jamás haya respirado, y describe su efímera existencia en un lamento de hexámetros sombríos.

También está el conmovedor dístico de Orfeo, que dice:

"De tu sonrisa, oh Jove, surgieron los dioses,
Pero de tu dolor nació el hombre"

Píndaro, en una de sus elegantes odas, comparó a los hombres con las sombras de un sueño, mientras que la conocida cita "A quien los dioses aman mueren jóvenes" nos llega directamente de Menandro.

Con la peculiar melancolía del genio, que en aquellos días favorecidos parece más un presentimiento que la expresión de una concepción general, Sófocles, en su última tragedia, dice que no haber nacido en absoluto es el mayor de todos los beneficios posibles, pero en la medida en que el hombre ha aparecido en la tierra, lo mejor que puede hacer es apresurarse a volver por donde vino.

A pesar de la tendencia general del pensamiento, se pueden encontrar sentimientos no muy diferentes en Esquilo y

Eurípides, mientras que algo de este pesimismo instintivo se expandió en una costumbre nacional pintoresca por los tracios, quienes, según Heródoto, recibieron el nacimiento con lamentos, pero saludaron a la muerte con salvas y festivales de bienvenida.

Salvo contadas excepciones, los primeros filósofos no consideraban la muerte como una desgracia, sino como una ventaja. Empédocles enseñaba que la estancia en la tierra era un tormento vejatorio, opinión en la que Heráclito le apoyaba firmemente. Incluso Platón, cuya corriente general de pensamiento era grandemente optimista dijo en la *Apología*: "Si la muerte es la retirada de toda sensación, si es como un sueño que ningún sueño perturba, ¡qué bendición incomparable debe ser! Porque cualquiera puede elegir una noche que haya pasado en reposo completo y sin perturbaciones, y compararla con las demás noches y días que han llenado su existencia, y luego, desde su conciencia, responder cuántas noches y días ha conocido que hayan sido más dulces y agradables que aquélla. Por mi parte estoy seguro de que no sólo el individuo ordinario, sino incluso el gran Rey de Persia encontraría tales días y noches más fáciles de enumerar."

La doctrina de Epicuro sostenía, en esencia, que en el momento en que ya no era posible deleitar a los sentidos la muerte se convertía en un beneficio y el suicidio en un acto supremo de sabiduría. La doctrina de la escuela socrática y de sus derivaciones consistía, en resumen, en la idea de que el único objetivo admisible de la vida era la búsqueda y consecución del conocimiento absoluto. Sin embargo, como el conocimiento absoluto era inalcanzable, la culminación lógica de su doctrina fue pronunciada por Hegesias, en Alejandría, en el siglo III antes de la era cristiana. Este discípulo de Sócrates sostenía que, puesto que lo conocible tenía un límite y la felicidad era una pura ilusión, era inútil seguir prolongando la existencia. "La vida sólo parece agradable al necio", afirmaba; "el sabio la mira con indiferencia, y considera la muerte igual de aceptable". "La muerte", añadía, "es tan buena como la vida; no es sino una suprema renuncia en la que el hombre se libera de quejas ociosas y de largas decepciones. La vida está llena de dolor, y los dolores de la carne roen la mente y roen su calma. De innumerables maneras el destino intercepta y frustra nuestras esperanzas. No se puede confiar en la satisfacción, y ni siquiera la sabiduría puede preservarnos de la traición y la inseguridad de las percepciones. Puesto que la felicidad, entonces, es intangible debemos dejar de perseguirla, y tomar por meta la ausencia de dolor; esta condición", explicó, "se obtiene mejor haciéndonos indiferentes a todo objeto de deseo y a toda causa de aversión, y sobre todo a la vida misma. En cualquier caso", concluyó, "la muerte es ventajosa en esto, no nos aleja de las bendiciones sino del mal".

Se dice que esta curiosa mezcla de pesimismo y teología fue pronunciada con tal encanto de gracia persuasiva que varios de sus oyentes pusieron en práctica sus ideas al instante, y para que la ciudad pudiera preservarse del contagio del suicidio, el rey Ptolomeo se sintió obligado a impedir que este seductor misántropo pronunciara más arengas.

La literatura tiene la misma tendencia a repetirse que la historia, y como los romanos tomaron de Grecia gran parte de su cultura y muchas de sus ideas, el tono de sus principales escritores sólo difiere de los ya citados en que, con la caída de su religión, la decadencia del imperio y la intoxicación universal de los sentidos, el elemento pesimista se acentuó un tanto. Sería una tarea ociosa, sin embargo, intentar citar siquiera una fracción de la triste angustia que impregna a los clásicos romanos, y tal vez baste por el momento con señalar uno o dos pasajes que se refieren directamente al tema.

Séneca, por ejemplo, cuya perspicacia era tan clara y cuyo entendimiento estaba tan despejado como el de cualquier escritor que el mundo conozca, envió sus cartas a lo largo de los siglos cargadas de ideas como éstas: "La muerte es el invento más admirable de la naturaleza". "No hay necesidad de quejarse de agravios particulares, porque la vida en su totalidad es lamentable". "Nadie aceptaría la vida si no la recibiera ignorando lo que es".

Plinio, también, es muy citable: "La invención más agradable de la naturaleza", dice, "es la brevedad de la vida". Y añade: "Ningún mortal es feliz, pues aunque no haya otra causa de descontento existe al menos el temor de una posible desgracia".

También Petronio, el poeta de la orgía romana, abriéndose y cerrándose las venas, jugando con la muerte, como con un último y supremo deleite, es de recuerdo familiar, aunque repulsivo.

La literatura inglesa está naturalmente tan bien surtida de expresiones individuales de disgusto por la existencia como la de Roma. Los poetas, casi todos, desde Chaucer hasta Rossetti, han expresado su dolor en una variedad de métricas más o menos pulidas, e incluso Macpherson tuvo cuidado, al adornar su siglo con otro bardo, de poner en el verso de Ossian pensamientos que no habrían sido inadecuados en un coro griego.

Hablando del mundo, Chaucer había dicho ya:

"Aquí no hay hogar, aquí no hay más que un desierto"

cuando Sir Thomas Wyatt, ampliando el tema, repitió:

"Por lo tanto, que venga la muerte y me deje morir"

45

La delicada musa de Samuel Fletcher encontró:

"Nada es tan delicadamente dulce,
como la encantadora melancolía"

y los deprimentes versos de Shakespeare sobre el valor de la vida son conocidos por todos los escolares.

Dryden escribió:

"Cuando considero la vida, todo es un engaño;
sin embargo, engañados con la esperanza,
los hombres favorecen el engaño,
confía y piensa que mañana te recompensará;
mañana es más falso que el día anterior"

Todo lo cual se resumió más tarde en la conocida línea:

"El hombre nunca es sino siempre para *ser* bendecido"

mientras que Thomson señaló:

"...todos los mil males sin nombre
Que una lucha incesante hacen la vida"

Keats, y sobre todo Byron, escribieron estrofa tras estrofa de enervante tristeza. La querida gacela de Moore es hoy en día una comparación familiar. La trémula sensibilidad de Shelley le impedía encontrar encanto alguno en la vida, y ninguno de nosotros necesita que se le recuerde que el alma de Poe estaba cargada de tristeza.

Pero los poetas no están solos en su relato de los engaños de la vida; los moralistas y ensayistas también han añadido su cuota al presupuesto general, y no es simplemente el valor de la vida lo que ha sido cuestionado por muchos de los mejores escritores; también se ha expresado cierta sorpresa de que el hombre se preocupe por vivir. De hecho, el "no veo ninguna necesidad" del ingenio, al mendigo que implora ayuda para poder vivir, es el epigrama de los pensamientos de cien eruditos.

En Francia, el pesimismo no puede considerarse más que como una curiosidad intelectual. El hombre francés, es cierto, no pocas veces cae en una cínica indiferencia; sin embargo, el valor de la vida es, por regla general, tan evidente para él, que rara vez concede más que un encogimiento de hombros a cualquier teoría de menosprecio. En primer lugar, la muerte, ante la que se levanta el sombrero con gravedad, nunca ha sido en Francia un tema cortés o bienvenido; además, la literatura francesa, aunque bastante anárquica en otros aspectos, ha dejado a sus lectores generalmente poco preparados para ver el mundo como un fiasco, en el que la miseria es el único inmenso éxito. Los trovadores y troveros cantaban a la chatelaine medieval poco más que el elogio del amor con el relato de algún combate, para mostrar lo que podrían hacer si se les pusiera a prueba. Más tarde, Villon hablaba suavemente de las *neiges d'antan*, Ronsard lanzaba uno o dos dardos al destino, y la risa de Rabelais a veces estaba muy cerca de las lágrimas; pero, en términos generales, los franceses pedían a sus escritores poco más que ingenio, y si no podían darles eso, entonces debían callarse.

La delicada ironía de *Cándido* tenía, por lo tanto, cuando se apreciaba, algo casi nuevo en su sabor; y, de hecho, puede decirse con justicia que no fue hasta que la plaga de Byron había sido traducida alegremente, que los franceses estuvieron preparados en alguna medida para entender Rolla y las bellezas patéticas del verso de De Musset. Pascal, Helvetius y otros escritores de depresión desganada ya habían aparecido. Maupertuis no había encontrado ninguna dificultad en demostrar que la vida encerraba más dolor que placer, mientras que las conclusiones de Chamfort sobre el mismo tema eran tan luminosas como sombrías; y, sin embargo, es difícil decir que la hiel con la que estos autores salpicaban sus páginas sirviera más que de condimento a obras más frescas y menos sazonadas. Baudelaire, el poeta del tedio, rogando por un nuevo vicio que arrancara a la vida alguna apariencia de realidad, fue en consecuencia casi una novedad, y no perfectamente satisfactoria. Por lo tanto, sólo en los últimos diez años, más o menos, el pesimismo ha atraído de alguna manera la atención de los pensadores franceses, y la atención que se le ha prestado recientemente se debe en parte a Leconte de Lisle, y en parte a una oleada del pensamiento alemán.

Durante el siglo XVIII, la mayoría de los eruditos que representaban la cultura de Alemania seguían fielmente las teorías optimistas de Leibniz y Wolff. La doctrina de que el mundo era el mejor posible, apoyada como estaba por la teología oficial y estrictamente de acuerdo con el deísmo de Pope y Paley, era aceptada de forma muy general y sin vacilaciones. De hecho, no hay razón aparente para que no lo fuera. Los Minnesinger sin duda habían formulado algunas quejas, pero entonces estos vagabundos literarios ya habían comenzado a formar parte de la mitología, y además, los poetas son todos más o menos propensos al descontento y volubles al dolor. Más allá de los clásicos de Grecia y Roma no había, pues, ningún precedente de pensamiento pesimista. La literatura alemana, estrictamente hablando, no comenzó hasta el advenimiento de Lessing, y antes de eso el teatro, con su Hans Wurst y su Pickleherring, sólo había ofrecido una sucesión de la más amplia farsa.

La calma y la tranquilidad de que disfrutaban entonces los alemanes sólo se vio alterada, si acaso, por algunos ecos confusos de los *obiter dicta* que el discípulo real de Voltaire se complacía en difundir, pero es probable que la mayor parte de esta feroz alegría se ahogara al cruzar el Rin y, en cualquier caso, era demasiado delicadamente acre para hacer más que perturbar la plácida corriente de su pensamiento.

Más tarde, cuando apareció Kant, el efecto de su filosofía fue muy parecido a un tratamiento exitoso de cataratas en los ojos de toda la nación. "La felicidad", insistió en la *Kritik der Urtheilskraft*, "nunca ha sido alcanzada por el hombre, porque es incapaz de encontrar satisfacción en ninguna posesión o disfrute, ... y si se le pidiera que diseñara un sistema de felicidad para sus semejantes sería incapaz de hacerlo, porque la felicidad es en su esencia intangible". "Nadie", añadió en otro lugar, "tiene una concepción correcta de la vida a quien le interese prolongarla más allá de su duración natural, pues entonces sólo sería la continuación de una lucha fatigosa".

Después de esto, la enseñanza de Leibniz fue desapareciendo poco a poco y, aunque necesariamente subsistió cierto optimismo, la tendencia del pensamiento viró en sentido contrario. Fichte, sucesor inmediato de Kant, declaró, en directa contradicción con Leibniz, que este mundo era el peor de los posibles, y sólo se consolaba pensando que podía elevarse por la ayuda del pensamiento puro a la felicidad de lo "supersensible". "Los hombres", dice, "en la vehemente búsqueda de la felicidad se aferran al primer objeto que les ofrece alguna perspectiva de satisfacción, pero inmediatamente vuelven la mirada introspectiva y preguntan: '¿Soy feliz?', y al instante desde lo más íntimo de su ser una voz les responde claramente: 'No, eres tan pobre y miserable como antes'. Entonces piensan que ha sido el objeto el que les ha engañado y se precipitan hacia otro. Pero el segundo tiene tan poca satisfacción como el primero .... Vagando entonces por la vida, inquietos y atormentados, en cada estación sucesiva piensan que la felicidad mora en la siguiente, pero cuando la alcanzan la felicidad ya no está allí. En cualquier posición en que se encuentren siempre hay otra que disciernen desde lejos, y que sólo con tocarla, piensan, encontrarán el deleite deseado, pero cuando alcanzan la meta el descontento ha seguido el camino y se yergue con perseguidora constancia ante ellos".

Schelling se expresaba con más cautela. Como panteísta profesional, parecía pensar que todo lo que no fuera rígidamente vago e inaccesible era incompatible con su filosofía. Aun así, probablemente había una rebelión secreta, algún impulso que le impulsaba a negar sus propios silogismos y a bañarse por una vez en alguna corriente clara de sentido común. En las *Nachtwachen*, que publicó bajo el seudónimo de Bonaventura, este impulso actúa evidentemente, aunque sin éxito. Puede ser que la fuerza de la costumbre fuera demasiado fuerte, pero en cualquier caso esta rapsodia, que pretendía ser una confesión del combate que había librado con su creencia, y un reconocimiento de la miseria inmedicable de la vida, trae consigo algo de esa impresión de delirio que Poe y Doré no pocas veces sugieren.

Hegel tampoco era hostil al pesimismo; lo consideraba una fase inevitable de la evolución universal y, de hecho, su amanecer como ciencia ya había despuntado entonces.

Mientras tanto, los poetas no habían estado ociosos. Herder y Schiller ya habían dado testimonio de la amargura de la vida a oídos poco reacios, y el número de suicidios directamente atribuibles a la aparición de Werther y sus penas era instructivamente elevado. Esta fase del sentimentalismo, que precedió inmediatamente al alborotado renacimiento de la escuela romántica, no dejó de influir en los versos de Heine, y en cierta medida afectó al tono literario de la época.

Sin embargo, sería erróneo suponer que los poetas de esta época estaban más agitados por la impresión de inutilidad universal de la vida que sus predecesores clásicos. La angustia de Werther, como la de Lara y la de Rolla, no era el dolor de la humanidad sufriente; en cada caso no era más que el análisis complaciente del poeta de su propia naturaleza excepcional y de sus agravios personales; era la expresión de la inevitable sorpresa de la juventud, que advierte por primera vez la insospechada y sin embargo enorme indiferencia de la realidad hacia el ideal, y la obstinada discordancia entre la aspiración y el hecho. Era, en efecto, muy bello y elegíaco, y sin embargo tan fluido en su pulida melancolía que de algún modo no parecía en todo momento haber sido realmente sentido. En cualquier caso, no era una teoría de la aflicción común, y carecía de esa clara concepción de la universalidad del sufrimiento, que las mentes menos exaltadas de los filósofos ya habían señalado, pero para la que nadie hasta entonces había sido capaz de sugerir un remedio.

Por aquel entonces, un joven italiano, el Conde Giacomo Leopardi, entabló una acción contra la humanidad, y el descontento sordo que durante siglos había palpitado en la tierra y en la literatura fue elevado por sus versos a una clara nota de elocuente denuncia.

Ahora bien, en la mayoría de los países existe una disposición que impide que un juez conozca de una causa alegada por una de sus conexiones, pues se considera que la balanza de la justicia está tan delicadamente equilibrada, que su titular debe ser preservado de cualquier influencia tendenciosa, por indirecta que sea; por la misma razón, son pocas las comunidades que permiten a un hombre juzgar su propio caso. Por lo tanto, un cierto conocimiento del propio Leopardi será útil para decidir si el veredicto que emitió contra el mundo debe ser aceptado sin apelación, o devuelto como viciado por circunstancias ajenas.

Leopardi pasó una infancia sin alegría en Recanati, una de esas ciudades italianas enloquecedoramente monótonas cuya indecible monotonía sólo resulta atractiva cuando se contempla a través de las páginas de Stendhal. La severidad poco relajante de un padre austero y pedante frenaba, como con un mordisco, todo síntoma de esa alegría desordenada propia de la juventud. A la vez precoz e inquieto, deforme e inflamable, estaba necesariamente enervado por la exasperante torpeza de su vida, y también irritado por la rígida pobreza a la que su padre le condenó. A medida que crecía, su mente, enriquecida con la riqueza de la antigüedad, se alborotó en una turbulencia de la imaginación que, incapaz de encontrar simpática acogida en el exterior, se consumió en una morbosa desconfianza interior, y le condujo finalmente desde el ferviente catolicismo por los precipitados peldaños de la negación.

No tenía más de veinte años cuando el estudio excesivo estuvo a punto de arruinar su salud. La menor aplicación era fatigosa tanto para los ojos como para el cerebro. Vagaba silenciosamente por los bosques vecinos, buscando la soledad y las sugestiones, a la vez tranquilizadoras y rebeldes, que la soledad susurra siempre a quien la corteja de verdad. Otras veces se sentaba hora tras hora en un estado tan inmóvil como el de la catalepsia. "Estoy tan abrumado", escribió a un amigo, "por la nada que me rodea, que no sé cómo tengo fuerzas para responder a tu carta. Si en este momento perdiera la razón, creo que mi locura consistiría en sentarme siempre con los ojos fijos, la boca abierta, sin reír ni llorar, ni cambiar de lugar. Ya no tengo fuerzas para formar un deseo, aunque sea de muerte".

La Musa, sin embargo, no quiso saber nada de eso; exhibió su peplum de forma tan seductora ante él que, un poco más tarde, cuando ya parecía haber recuperado la salud, no resistió más y se entregó a ella en cuerpo y alma.

El presente siglo, sobre todo en sus primeras décadas, se ha visto asolado por una gran profusión de versos abatidos; pero ningún grupo de poetas, por angustiado que estuviera, ha sido capaz, en ningún momento, de captar y aferrarse a un monótono lamento tan persistente como el que recorre cada verso de Giacomo Leopardi. Citando a Alfred de Musset:

"Las más desesperadas son las canciones más bellas,
y conozco algunas inmortales que son puros sollozos"

Sus odas, sus adjuraciones a Italia y sus elegías están, todas y cada una de ellas, marcadas por una desesperación tan invariable e inmutable, que su motivo dominante no parece muy distinto de esa torre que René, encontrándose solo en el desierto, comparó con un gran pensamiento en una mente asolada por los años y por el dolor... Su teoría de la vida nunca se alteró; la retomó en un dístico:

> "...Arcano y todo
> más allá de nuestra pena"

Puede decirse, y quizá con justicia, que fue el cuerpo inválido, agravándose y coexistiendo con una mente naturalmente moribunda, el que más tarde escribió sobre la *gentilezza del morir*, pero fue el pensador, venciendo los males de la carne, el que más tarde susurró al mundo doliente la panacea de la paciencia y la resignación.

En Leopardi no hay nada de la insípida elegancia y el vocabulario chillón del verso francés; técnicamente, escribió en lo que los italianos llaman *rime sciolte*, y encanta al lector tanto por una sinceridad palpitante como por una inspiración evidente y continua. Ahora bien, el italiano culto se vuelve naturalmente hacia la rima; cualquier incidente tiene para él el germen de un soneto, y tal vez no haya otro país en el mundo tan ricamente dotado de *canzoni* patrióticos como esta tierra alegremente infeliz. Pero de todos los que han hecho sonar esta elocuente cuerda, ninguno lo ha hecho con la originalidad masculina y el fervor de expresión que Leopardi alcanzó en su oda a Italia, en la que, en una sonora llamada a las armas:

"Que mi sangre, ¡oh dioses! sea una llama
para los corazones italianos"

Los corazones italianos, sin embargo, tenían otros asuntos que atender, y la magnífica invocación de Leopardi apenas fue honrada con una noticia de pasada. Por lo demás, su poesía, a pesar de su resonante mérito, ha sido generalmente ignorada por alguna causa inexplicable; y aunque no se parece a ninguna otra, nunca ha estado, por así decirlo, de moda.

Como se ha visto, era un amante de la soledad; de hecho, no sería una exageración decir que estaba unido a ella; y en el aislamiento que en parte se hizo a sí mismo y en parte le fue impuesto, observaba la incubación del pensamiento de la misma manera que otro podría haber observado el progreso de una enfermedad. Una vida de este tipo, incluso en el mejor de los casos, no está calculada para despertar mucho entusiasmo por los asuntos cotidianos, y no pasó mucho tiempo antes de que Leopardi no sólo se hartara de corazón de los aspectos comunes de la vida, sino que también despreciara a aquellos que vivían en esferas más amplias y activas.

Poéticamente sin trabas, y de opiniones avanzadas en todos los temas, consideraba la erudición como el simple noviciado del hombre de letras, o en otras palabras, como una preparación que hace a la inteligencia flexible; y en uno de esos raros momentos, cuando el tímido acercamiento de la ambición parecía pasar desapercibido, acarició el agradable plan de atacar la torpeza italiana con la razón, la pasión con la risa, y de convertirse, de hecho, en el Platón, el Shakespeare y el Luciano de su época. A Giordani, su mentor, le escribió: "Estudio día y noche, siempre que mi salud me lo permite; cuando me impide trabajar, espero un mes más o menos y vuelvo a empezar. Como ahora soy totalmente distinto de lo que era, mi plan de estudio ha cambiado conmigo. Todo lo que sabe a patético o elocuente me cansa más allá de toda expresión. Ahora sólo busco lo verdadero, lo real, lo que antes me resultaba tan repulsivo. Me complace analizar la miseria de los hombres y de las cosas, y estremecerme al observar el siniestro y terrible misterio de la vida. Veo muy claramente que, una vez extinguida la pasión, no subsiste en el estudio otra fuente de placer que el de la vana curiosidad, cuya satisfacción, sin embargo, no carece de cierto encanto".

Pero Leopardi era tan esencialmente poeta que, a pesar de su creciente desdén por lo patético y lo elocuente, no pocas veces se convertía en el incauto de su propia imaginación. Aquello que tomaba por fruto de la deducción era probablemente poco más que hipocondría ordinaria, y al dedicarse como lo hizo a otros trabajos, nunca fue capaz de liberarse por completo de la celosa influencia de la musa.

Era, por diversas causas, muy desgraciado, y su creencia en la miseria universal era casi una manía. Su lógica se reducía a la paráfrasis de un axioma: "Soy, luego sufro", y el sufrimiento que experimentaba no se limitaba, estaba muy seguro, únicamente a sí mismo. En esto estaba perfectamente en lo cierto, pero su error consistía en considerar que todos los casos eran igualmente intensos, y en imaginar que podrían idearse medios que eliminaran inmediatamente el mal o, al menos, lo atenuaran. Ya había sugerido la paciencia y la resignación, pero, naturalmente, sin éxito apreciable; de hecho, la regeneración del hombre, vio claramente, no se llevaría a cabo a través del verso, y se volvió por lo tanto a la filosofía con una firmeza de propósito, que se vio reforzada por la idea de que podía trabajar en ella otra revolución. Esto sucedió en 1825. Leopardi tenía entonces veintisiete años, y la tarea a la que se dedicó entonces iba a ser, según dijo, el triste final de una vida miserable. Su intención era correr la amarga verdad a la tierra, conocer los oscuros destinos de lo mortal y lo eterno, descubrir el porqué de la creación y la razón de la carga de miseria del hombre. "Deseo", dijo, "excavar hasta la raíz de la naturaleza y buscar el objetivo del misterioso universo, cuyas alabanzas cantan los sabios, y ante el cual yo permanezco atónito".

De este modo, en la *Opereta moral*, Leopardi inició un asedio resuelto, aunque poético, contra toda forma de ilusión. Su filosofía, sin embargo, no provocó ninguna revolución, ni siquiera puede decirse que descubriera ninguna verdad más amarga que las viejas y nuevas que la antigüedad había desenterrado antes que él. Su obra, sin embargo, hizo girar los viejos hechos hacia posiciones frescas y novedosas, y es de admirar especialmente por la manera artística con que trata los temas más obstinados. El punto de partida de cada uno de sus argumentos es que la vida es mala; a cualquier objeción, y las objeciones que se han hecho son innumerables, Leopardi tiene una respuesta invariable: "Todo lo que se afirma en contra es fruto de la ilusión". "Pero suponiendo que la vida sea indolora", alguien presumiblemente puede interponer, con lo cual Leopardi, con el aire de un oráculo, demasiado ocupado con asuntos de peso para descender a charlar sobre el tiempo, responderá escuetamente: "El mal seguirá".

Es inútil que el hombre práctico de hoy, que conoce el precio del trigo en todo el mundo antes de haber probado su café, y que digiere una historia de los hechos y desventuras del mundo cada mañana con su desayuno, -es inútil que diga, como invariablemente hace: -Vaya, esto es basura, mire las instituciones modernas, mire el progreso, mire la ciencia; pues si escucha a Leopardi aprenderá que todas estas ventajas palpables, al expandir la actividad, sólo han agravado la miseria del hombre. En otras palabras, que las penas de los hombres y de las naciones se desarrollan en proporción a su inteligencia, y que los más civilizados son, en consecuencia, los más infelices.

De hecho, la filosofía de Leopardi no es sino destructiva; no pretende tanto edificar como socavar. Según su teoría, el universo es la resultante de una fuerza inconsciente, y esta fuerza, enseña, está envuelta en un enojoso misterio, detrás del cual no le es dado al hombre mirar. En uno de sus diálogos, ciertas momias resucitan durante un cuarto de hora y cuentan de qué manera murieron. "¿Y qué sigue a la muerte?", pregunta ansiosamente su auditor. Pero ha transcurrido el cuarto de hora y las momias vuelven al silencio.

En otra escena fantástica, un islandés, convencido de que la felicidad es inalcanzable, y ocupado únicamente en evitar el dolor, al rehuir la sociedad, se ha encontrado en el corazón del Sahara, cara a cara con la Naturaleza. Este islandés, que por cierto se parece singularmente a Leopardi, sólo había encontrado una protección contra los males de la vida en la soledad. A pesar de todo lo que podía hacer, se había asado en verano y tiritado en invierno. En vano había buscado un clima templado: una tierra era un campo de hielo, otra un horno, y en todas partes tempestades o terremotos, brutos viciosos o insectos distractores. En resumen, miseria sin paliativos. Encontrándose por fin cara a cara con la Naturaleza, le preguntó con qué derecho lo había creado sin su permiso y, una vez hecho esto, lo había abandonado a su suerte. La Naturaleza responde que sólo tiene un deber: hacer girar la rueda del universo, en la que la muerte sostiene a la vida y la vida a la muerte. "Bien, entonces", pregunta el obstinado islandés, "dime al menos por el placer de quién y con qué propósito subsiste este miserable universo". Pero antes de que la Naturaleza pueda iluminar a su embarazoso interrogador, éste es sorprendido por dos leones hambrientos y es devorado.

La moraleja de todo esto no es difícil de encontrar. La vida, tal como es, es todo lo que se le concede. Más allá sólo hay un silencio impenetrable. El azul de los cielos es omnipresente, pero vacío. La esperanza de una felicidad ultramundana es, por lo tanto, una ilusión, y el hombre debe buscar la felicidad que sólo es posible en esta vida. Pero si se le pregunta cuáles son las posibilidades de felicidad terrenal, Leopardi se apresura a decir a su lector que no hay ninguna.

Como se ha visto, el poeta consideraba la vida como un mal; e insistía en considerarla así, no sólo en su conjunto, sino en cada una de sus divisiones fraccionarias. Esta idea está pintorescamente expresada en un diálogo entre un hechicero y un demonio, este último supuestamente invocado con un conjuro de llamas azules. Al principio, el demonio se muestra algo enfurruñado y pregunta por qué se le ha molestado. ¿Es riqueza lo que desea el hechicero? ¿Gloria o grandeza? Pero el hechicero no tiene codicia ni ambición.

"¿Deseas que te procure una mujer tan caprichosa como Penélope?"

El hechicero probablemente sonríe, pues responde ingeniosamente:

"¿Crees que necesito la ayuda de un demonio para eso?"

Así engañado, el demonio pide saber en qué puede ser útil.

"Sólo quiero un momento de felicidad", responde el hechicero.

Pero Mefisto declara, bajo su palabra de caballero, que tal cosa es imposible, porque el deseo de felicidad es insaciable, y nadie puede ser feliz mientras esté insatisfecho.

"¿Y bien?", pregunta el hechicero, malhumorado.

"Bien, entonces", responde el demonio, "si crees que vale la pena entregarme tu alma antes de tiempo, he aquí que estoy dispuesto a complacerte".

Puesto que la felicidad es intangible, lo más sabio es intentar ser lo menos infeliz posible. Uno de los principales oponentes a tal estado de ser es evidentemente el descontento, y éste, insinúa Leopardi, debe ser derrotado a cualquier precio, y el espectro del hastío arrojado con él al exilio. En el calor de estas instrucciones es curioso observar cómo Leopardi se vuelve contra sí mismo, por así decirlo, y recomienda como cura para todo la misma actividad que antes había proscrito. En su diálogo entre Colón y Gutiérrez, el navegante admite a su desalentado compañero que el éxito de la empresa está lejos de ser seguro; "pero", añade, "aunque no se obtenga ningún otro beneficio de nuestro viaje, será una ventaja al menos en esto; nos ha librado durante cierto tiempo del aburrimiento; nos ha hecho amar la vida, y apreciar, además, muchas cosas en las que de otro modo no habríamos pensado nada".

No debe suponerse, sin embargo, que Leopardi no tuviera una regla de vida más elevada que la que se circunscribe en la estrecha evitación del descontento. Que el hombre tiene ciertos deberes que cumplir, lo admitía con frecuencia, pero negaba que debiera deber alguno a la fuerza inconsciente y tiránica que le había dado la vida. "Nunca besaré", decía, "la mano que golpea". Cualquier obligación con la sociedad estaba igualmente fuera de cuestión. "La sociedad", señaló en los *Pensieri*, "es una liga de *blackguards* contra los hombres honrados". Los deberes del hombre son sólo para consigo mismo; y la esencia de la ética de Leopardi (como, de hecho, de todas las demás éticas) se sostiene simplemente en la recomendación de preservar la virtud y la autoestima. "Sé fiel a ti mismo", había dicho Polonio mucho antes, y a esto Leopardi no tenía nada que añadir.

Las ilusiones que entorpecen la vida han sido analizadas tan clara y minuciosamente por otros pensadores, cuyas conclusiones constituirán el fundamento de la parte siguiente de esta monografía, que no será necesario en este momento ninguna de las teorías de Leopardi sobre este tema, salvo, tal vez, las que puedan parecer contener puntos de vista originales. Tenía, como ya se ha insinuado, un desprecio absoluto por la vida: "Es", decía, "apta para ser despreciada". *Nostra vita a che val, sola a spregiarla* [Qué vale nuestra vida, sólo para desperdiciarla]. En consecuencia, estaba bien equipado para combatir la ilusión que lleva a tantos a imaginar que, si sus circunstancias fueran diferentes, estarían plenamente satisfechos. Esta idea se presenta con vivaz ingenio en un diálogo entre un hombre que vende calendarios y un transeúnte.

Es más o menos como sigue:

-¡Calendarios! ¡Nuevos calendarios!
-¿Para el año que viene?
-Sí, señor.
-¿Crees que el año será bueno?
-Sí, desde luego, señor.

-¿Tan bueno como el año pasado?

-Mejor, señor, mejor.

-¿Como el año pasado?

-Mucho mejor, señor.

-¿Pero no te gustaría que el año que viene fuera como cualquiera de los anteriores?

-No, señor, no me gustaría.

-¿Desde cuándo vende calendarios?

-Casi veinte años, señor.

-Bueno, ¿cuál de estos veinte años desearías que fuera como el que viene?

-Realmente no lo sé, señor.

-¿No recuerdas ningún año que te pareciera especialmente atractivo?

-No puedo, de verdad, no puedo.

-Y sin embargo la vida es muy agradable, ¿no?

-Oh, sí, señor, todos lo sabemos.

-¿No te alegraría volver a vivir estos veinte años?

-Dios no lo quiera, señor.

-¿Pero suponiendo que tuvieras que vivir tu vida de nuevo?

-Yo no lo haría.

-Pero, ¿qué vida te gustaría vivir? ¿La mía, por ejemplo, o la de un príncipe, o la de cualquier otra persona?

-¡Ah, señor, qué pregunta!

-Y sin embargo, ¿no ves que yo, o el príncipe, o cualquier otro, respondería precisamente como tú, y que nadie consentiría en volver a vivir su vida?

-Sí, señor, supongo que sí.

-¿Debo entender, entonces, que no volverías a vivir tu vida?

-No, señor, de verdad, no lo haría.

-¿Qué vida te gustaría, entonces?

-Quisiera, sin otra condición, la vida que Dios se complazca en darme.

-En otras palabras, uno que sería feliz y afortunado, y del que no sabrías más de lo que sabes del año que viene.

-Exactamente.

-Pues bien, eso es lo que me gustaría a mí también; es lo que le gustaría a todo el mundo, y por la sencilla razón de que hasta ahora no hay nadie a quien el azar no haya tratado mal. Todo el mundo está de acuerdo en que la miseria de la vida supera a su placer, y todavía no he conocido al hombre que quisiera volver a vivir su antigua vida. La vida que es tan agradable no es la que conocemos personalmente; es otra vida, no la que hemos vivido, sino la que está por venir. El año que viene nos tratará a todos mejor; será el comienzo de una existencia feliz. ¿No crees que será así?

-Así lo espero, señor.

-Enséñame tu mejor calendario.

-Este, señor; son treinta soldi.

-Aquí están.

-Gracias, señor, larga vida a usted, señor. ¡Calendarios! ¡Nuevos calendarios!

Hay pocas escenas tan ingeniosas como ésta, y menos aún en las que la ironía y el humor se mezclen con tanta delicadeza; y sin embargo, a pesar de su estudiada amargura, no cabe duda de que su autor percibió claramente que la vida encierra uno o dos encantos incontestables.

Hablando de gloria, Pascal observó en sus *Pensées* que incluso los filósofos la buscan, y los que la escriben desean la reputación de haberla escrito bien. Leopardi no fue una excepción a esta regla; lo admitió en varias ocasiones; y aunque no lo hubiera hecho, el hecho habría sido evidente por el brillo de sus versos y la pureza de su prosa, que no era la de un escritor al que la opinión de los demás le fuera indiferente. En el ensayo, por lo tanto, en el que ataca la ilusión del renombre literario, recuerda forzosamente a Byron apresurándose en busca del aislamiento visible que aquel poeta de mente simple perseguía tan seriamente; y sin embargo, mientras que ningún otro escritor, quizás, ha sido más dado a la pose que el autor de *Childe Harold*, hay pocos que hayan estado tan completamente desprovistos de afectación como Leopardi. El escaso éxito de sus escritos, sin embargo, no le hizo ver con gran entusiasmo el tema de la fama literaria; y como, además, consideraba que su misión era asediar todas las ilusiones, consideró ésta en particular como una quimera seductora y la atacó en consecuencia.

En el *Ovvero della Gloria*, dice reflexivamente: "Antes de que un autor pueda llegar al público con alguna posibilidad de ser juzgado sin prejuicios, piénsese en la cantidad de trabajo que gasta en aprender a escribir, en las dificultades que tiene que superar y en las voces envidiosas que debe acallar. Y aun así, ¿a qué equivale el público? La mayoría de los lectores bostezan ante un libro, o lo admiran porque alguien lo ha admirado antes que ellos. Es el estilo lo que hace inmortal a un libro; y como se requiere una cierta educación para juzgar el estilo, el número de entendidos es necesariamente restringido. Pero más allá de la mera forma debe haber también profundidad, y como cada clase de obra presupone una competencia especial por parte del crítico, es fácil ver cuán estrecho es el tribunal que decide la reputación de un autor. Y aun así, ¿es totalmente justo? En primer lugar, el crítico, incluso cuando es competente, juzga -y en eso no es más que humano- según la impresión del momento y según los gustos que la edad o las circunstancias le han creado. Si es joven, le gusta la brillantez; si es viejo, es poco impresionable. Las grandes reputaciones se hacen en las grandes ciudades, y es allí donde el corazón y la mente se fatigan más o menos. Una primera impresión, deformada de este modo, puede convertirse a menudo en definitiva; pues si bien es cierto que las obras valiosas deben releerse, y sólo se aprecian con el tiempo, también es cierto que en la actualidad se leen muy pocos libros. Suponiendo, sin embargo, el caso más favorable: suponiendo que un escritor, por el sufragio de algunos de sus contemporáneos, tenga la certeza de pasar a la posteridad como un gran hombre, ¿qué es un gran hombre? Simplemente un nombre, que en poco tiempo no representará nada. La opinión de los bellos cambia con los días, y las reputaciones literarias están a merced de sus variaciones; en cuanto a las obras científicas, son invariablemente superadas u olvidadas. Hoy en día, cualquier matemático de segunda sabe más que Galileo o Newton." El genio, pues, es un don siniestro, y la gloria que le acompaña no es más que una sombra vana y vacía.

La vida de Leopardi, tal como la cuentan sus biógrafos, evoca poéticamente la historia de la pálida Armide, que quemó el palacio que la hechizaba; y la semejanza se hace aún más notable cuando se le encuentra hachando y cortando la ilusión del amor. Personalmente considerado, Leopardi no era atractivo; era bajo de estatura, ligeramente deforme, miope, prematuramente calvo, nervioso y débil; y aunque las desventajas físicas son a menudo ignoradas por las mujeres, y no pocas veces inspiran una compasión que, adecuadamente atendida, puede convertirse en amor, sin embargo, cuando el cuerpo, débil y enfermo como era el suyo, encierra la fuerza y la vitalidad del genio, la monstruosidad indeseable es completa. De hecho, a este respecto, cabe señalar que mientras que el amor de una mujer de mente delicada por un rufián tosco y estúpido es una anomalía que se repite a diario, hay pocos casos en los que el genio, incluso cuando es fuerte de espíritu, haya logrado inspirar un afecto grande y duradero.

Para Leopardi, pues, la casa del amor estaba doblemente vedada. Cuando tenía unos diecinueve años, observó a la joven habitual que vive por el camino, y con una *naïveté* [ingenuidad] que parece exquisitamente patética no hizo ninguna señal, sino que simplemente observó y amó. La joven no parece haber sido consciente en modo alguno de la adoración silenciosa y tímida que su belleza había avivado, y en cualquier caso no prestó atención al enano enfermizo de enfrente. Se sentaba plácidamente junto a la ventana o revoloteaba por la habitación tarareando alguna canción antigua. Así estuvo durante un año o más, hasta que por fin se la llevaron en un carruaje ruidoso para convertirla en la novia de otro.

Esto, por supuesto, era muy terrible para Leopardi. A través de algún proceso inductivo, que debería haber sido

provocado por las corrientes eléctricas que estaba estable-
ciendo desde detrás de la cortina, en su fantasía sin ley se
había asegurado de que su amor tarde o temprano sería
sentido y correspondido. Por lo tanto, cuando desde su
escondite vio partir a la novia, ignorante como una donce-
lla de su conquista y completamente inconsciente de los
sonetos que habían sido escritos en su alabanza, la única
dulce esperanza del poeta se desvaneció lentamente con
ella.

Este afecto puro y sosegado permaneció vibrante en su
memoria durante muchos años, y fue el tema de tantos
ensueños y canciones que el amor acabó por parecerle una
forma más de sufrimiento. Más tarde, cuando gran parte
del brillo del candor juvenil se había apagado y empañado,
asedió el corazón de otra dama, pero esta vez de un modo
más audaz y emprendedor. Sin embargo, no tuvo éxito. Es
posible que fuera demasiado elocuente, porque la elocuen-
cia rara vez cautiva, salvo a los inexpertos, y el hombre que
hace el amor con frases redondeadas parece, a los ojos
experimentados, más artístico que sincero. En cualquier
caso, su afecto no fue correspondido. El fantasma había
pasado muy cerca, pero él sólo se había aferrado al aire.
Pronto fue consciente, sin embargo, de que había cometido
ese error que es común a todas las personas imaginativas:
no era a la mujer a quien amaba, sino a la belleza; no a la

mujer en sí, sino al ideal. Era una concepción de la que se había enamorado; una concepción que la mujer, como tantas otras, tenía el poder de inspirar y, sin embargo, carecía de la capacidad de comprender. Esta vez Leopardi había terminado con el amor, y lo atacó de inmediato como la última, aunque más tenaz, de todas las ilusiones. "Es", dijo, "un error como los otros, pero uno que está más profundamente arraigado, porque, cuando todo lo demás se ha ido, los hombres creen que se aferran en él la última sombra de la felicidad que se va". "Error beato", añade, y así puede ser, pero ¿no le responde bien aquel sabio dicho de Voltaire: "L'erreur aussi a son mérite" ["Los errores también tienen su mérito"]?

Así fue como Leopardi devastó el palacio de cuyas fiestas había sido excluido. A cada paso que había dado había dejado atrás alguna esperanza; había estado muriendo poco a poco toda su vida; se confesaba miserable, y esto no sólo a causa de su pobreza y miserable salud, sino principalmente por su falta de armonía con las realidades de la existencia. El mundo era para él el peor de los posibles, y se habría alegrado de adornar la puerta de la vida con la sencillez de la insistente línea de Dante,

"Abandona toda esperanza tú que entras"

73

"Hubo un tiempo", dijo, "en que envidiaba a los ignorantes y a los que pensaban bien de sí mismos. Hoy, no envidio ni a los ignorantes ni a los sabios, ni a los grandes ni a los débiles; envidio a los muertos, y sólo cambiaría puesto con ellos".

Esto, por supuesto, era puramente personal. Hacia el final de su vida reconoció que su juicio había sido en cierta medida deformado por las peculiares desgracias de su propia posición, pero al hacerlo parecía casi privarse de un último, aunque triste, consuelo. Tampoco se retractó nunca del todo, y es en la concepción de la universalidad de la miseria que selló todos sus escritos, y que, aunque hubiera querido, era entonces incapaz de alterar, donde descansa principalmente su relación con el pesimismo teórico de nuestros días.

Como credo, la cuna del pesimismo hay que buscarla en las orillas del Ganges, o muy atrás, en las tierras de los Remeros de Nepal, donde el iniciado, con todos sus deseos adormecidos, espera el Nirvana, y sólo murmura: "La vida es mala."

Ahora bien, como es bien sabido, en todas las religiones existe una cierta base metafísica destinada a proporcionar una respuesta a la primera pregunta del hombre; pues mientras el animal vive en un reposo imperturbable, el hombre, de entre todas las cosas creadas, es el único que se maravilla de su propia existencia y de la destrucción de sus semejantes. A su primera pregunta, ¿qué es la vida y la muerte? Cada sistema intenta ofrecer una respuesta perfecta; de hecho, los templos, catedrales y pagodas atestiguan claramente que el hombre en todos los tiempos y en todas las tierras ha exigido continuamente que se le diera alguna respuesta, y es quizás por esta misma razón que donde otras creencias han encontrado fervientes adeptos, por ello, ni el materialismo ni el escepticismo han sido capaces nunca de adquirir una influencia duradera. Sin embargo, es curioso observar que al intentar responderla, casi todos los credos han dado una interpretación desfavorable a la vida. Aparte de las gloriosas lecciones del cristianismo, su enseñanza, en resumen, es que el mundo es un valle de lágrimas, que nada aquí puede producir satisfacción real, y que la felicidad, que no es para los mortales, es únicamente la recompensa del alma rescatada. Para el brahmán, aunque siempre existe la esperanza de la absorción en el Espíritu Universal, la vida es un lamentable accidente. Pero en el budismo, que es tal vez la más ingenua y sin embargo la más sublime de todas las religiones, y que por su misma combinación de simplicidad y grandeza atrae a un mayor número de adeptos que cualquier otra, el pesimismo es el principio, como es el fin.

Para el budista no hay realidad ni en el futuro ni en el pasado. Para él, el verdadero conocimiento consiste en la percepción de la nada de todas las cosas, en la conciencia de

"La inmensidad de la agonía de la tierra,
La vanidad de sus alegrías, la burla
De todo lo mejor, la angustia de lo peor"

y en el deseo de escapar del mal de la existencia hacia la entera afrancesamiento de la inteligencia. Para el budista,

"...La pena es
Sombra a la vida, moviéndose donde la vida se mueve"

El budista cree que el alma emigra hasta alcanzar el Nirvana, y que en la preparación para este estado, que es la muerte de la Muerte, la nada de una llama apagada, hay cuatro grados. En el primero, el novicio aprende a ser implacable consigo mismo, pero caritativo y compasivo con los demás. Luego adquiere una comprensión de la naturaleza de todas las cosas, hasta que ha suprimido todo deseo excepto el de alcanzar el Nirvana, cuando pasa iniciado al segundo grado, en el que cesa el juicio. En la etapa siguiente se pierde el vago sentimiento de satisfacción, que se había derivado de la perfección intelectual, y en la última desaparece la confusa conciencia de identidad. Es en este punto donde comienza el Nirvana, pero sólo comienza y se extiende hasta alturas vertiginosas a través de cuatro grados superiores de éxtasis, de los cuales el primero es la región de la infinitud en el espacio, el siguiente, el reino de la infinitud en la inteligencia, luego la esfera en la que nada es, y, finalmente, la pérdida incluso de la percepción de la nada. Cuando la Muerte haya muerto y cuando todos hayan alcanzado el Nirvana, entonces, según el budista, el universo se mecerá para siempre en un reposo inconsciente.

En resumen, para el cristiano la vida es una prueba, para el brahmán una carga, para el budista un sueño y para el pesimista una pesadilla.

¿Es la vida una aflicción?

Con palabras muy majestuosas, típicas de quien las pronunció, Emerson dijo: "No quiero ser entretenido", dando así la espalda, en sentido figurado, a las tentaciones de lo vulgar.

En términos generales, el sentimiento que motivó esta expresión es común a todos los hombres. Los llamados encantos del mundo son atractivos para el vulgo, pero no para el pensador, y tanto si el pensador es un trapense como un comediante, si se le pide cuentas, se expresará de una manera igualmente franca.

Ni la ortodoxia ni el pesimismo son culpables de este tipo de sentimientos. Son simplemente el resultado de lo obvio y lo verdadero; surgen en cualquier mente inteligente. La muchedumbre de vacaciones que se dirige al Derby, a Coney Island, al Lido, o a cualquiera de los otros mil lugares de veraneo popular, hace que incluso el observador ordinario se pregunte por qué no puede ir él también, y divertirse con el mismo bullicioso buen humor que palpita a su alrededor; pero poco a poco se va abriendo paso en él la convicción de que tiene una pizca más, y que son los demás los que carecen de las percepciones más finas con las que él está agobiado.

Que los demás son envidiables y que él es digno de lástima, no cabe la menor duda, pero de todos modos el hecho de que no puede participar en las diversiones populares permanece incólume; y aunque el asunto de la pizca extra es más o menos tranquilizador, no siempre es perfectamente satisfactorio, y entonces empieza a buscar la razón. Si a su poder de observación se añaden también una mente receptiva y un ojo introspectivo, no será necesario que haya oído hablar nunca de M. Renan para que poco a poco se dé cuenta de que es víctima de una gigantesca estafa. Al igual que muchos otros, ha imaginado de alguna manera que el mundo era una llanura amplia y fértil, con aquí y allá una extensión estéril. Es imposible para él dar alguna razón para esta fantasía; "En el mundo tendrás aflicción", es la advertencia explícita del Fundador del Cristianismo, y en esta advertencia coinciden todos los credos, excepto el de los primeros helenistas. Por lo tanto, no proviene de ninguna enseñanza religiosa, ni tampoco de ninguna filosofía. Sin embargo, la impresión, por vaga que pueda parecer cuando se analiza, le ha acompañado, como a todos los demás, por la sencilla razón de que creció con ella como puede haber crecido con los cuentos de hadas, y no es hasta que sus aspiraciones tropiezan con los hechos cuando empieza a ver que la vida, en lugar de ser la agradable tierra que mana leche y miel que había imaginado, es en realidad algo completamente diferente.

Estas deducciones, por supuesto, no tienen por qué seguirse del hecho de que un hombre descubra que es más o menos indiferente a cualquier forma de entretenimiento, desde un jolgorio de reyes a un partido de marcha; pero pueden seguirse de cualquier hombre que haya empezado a disgustarse con la propincuidad de la media, y a sentir que donde la multitud encuentra diversión no habrá más que cansancio y vejación de espíritu para él. En tales circunstancias es un pesimista instintivo, y alguien que necesita poca instrucción teórica para aprender que él, como todos los demás, ha sido utilizado, y además engañado. Es cierto que los demás, en general, no son conscientes del engaño que se les ha practicado; puede que tengan algunas leves sospechas de que algo ha ido mal en alguna parte, pero incluso en la depresión más absoluta, los ignorantes consideran sus desgracias como puramente individuales y no compartidas por el mundo en general. Pocos tienen idea de la universalidad del sufrimiento, del hecho, como dijo John Stuart Mill, de que no hay felicidad para la vigésima parte de los habitantes del mundo. Es posible que miren por encima del muro de su jardín y, al oír a su vecino refunfuñar, piensen que, al ser malhumorado, su vida no es una delicia sin igual. Pero su visión no va más allá. No ven la tristeza que no tiene palabras, ni oyen el toque silencioso de las esperanzas irrecuperables, aunque no expresadas, "el trabajo del corazón, de las rodillas y de las manos". De todas estas cosas no saben nada; las preocupaciones domésticas, y las de su vecino y su mujer, rodean su existencia. Si ellos mismos no están satisfechos, entonces la felicidad no es más que una cuestión de distancia. Otra calle, u otra ciudad, u otro país la encierra, y si se hace el cambio, queda por repetir la vieja historia.

Hay también quienes, por dispepsia, torpeza hepática o mal humor general, se inclinan a tener una visión sombría de todas las cosas; luego hay un pesimismo temperamental que se manifiesta en arrebatos de indignación contra las penas de la vida, y en luchas frenéticas contra el destino y las tramas de la existencia personal; hay también el pesimismo hosco de la desesperación que se nota en el tranquilo cruzarse de manos, y que con ojos sin lágrimas espera la muerte sin quejarse; luego están los que se quejan y se enfurruñan, que se atormentan a sí mismos y a los demás, y que no tienen ni el coraje de luchar ni la gracia de resignarse, -esta es la "forma miserable"; también hay un pesimismo fortuito que proviene de una disposición desigual, y que se afirma en un día lluvioso, o cuando las acciones están bajas; otro es el tipo accidental, el hombre que, con la pérdida de esposa, hijo o amante, se instala en una triste misantropía; finalmente, está la hipocondría, que pertenece únicamente a la patología.

En ninguna de estas categorías las víctimas sospechan que su sufrimiento tenga un significado filosófico. Curiosamente, sin embargo, es de una o de todas estas clases diferentes de donde se deriva la aceptación ordinaria del pesimismo; son estas formas las que se encuentran en la vida cotidiana y en la literatura, y sin embargo es precisamente con estos tipos, que surgen de la disposición y el temperamento del individuo que los exhibe, con los que el pesimismo científico no tiene nada que ver. Los ignora por completo.

En términos generales, el pesimismo científico en su forma más avanzada se basa en la negación de que la felicidad, en cualquiera de sus formas, haya sido o sea obtenida alguna vez, ya sea por el individuo como unidad o por el mundo en su conjunto; y esto por la razón de que la vida no es considerada como un don agradable que se nos ha hecho para nuestro placer. Por el contrario, es un deber que debe cumplirse a fuerza de trabajo, una tarea que, tanto en lo grande como en lo pequeño, trae consigo una miseria generalizada, un esfuerzo incesante y una tensión mental y corporal extrema y a menudo insoportable. El trabajo, el tormento, el dolor y la miseria se consideran la suerte inevitable de casi todos, y el trabajo, el tormento, el dolor y la miseria de la vida se consideran tan necesarios a la humanidad como la quilla al barco. De hecho, si fuera de otro modo, si los deseos, una vez formados, se cumplieran, ¿de qué manera se emplearía el tiempo? Imaginad que la tierra fuese un país de hadas donde todo crece por sí mismo, donde los pájaros se asan en el asador, y donde cada uno encontrase el mejor amor de su corazón coronado de flores de naranjo para saludar su llegada; ¿cuál sería el resultado? Algunos se aburrirían hasta la muerte, otros se cortarían el cuello, mientras que otros se pelearían, asesinarían, y causarían en general más sufrimiento que el que se les impone en el actual estado de cosas. El dolor no es el accidente, sino el concomitante necesario e inevitable de la vida; y el atractivo de la promesa de "que tus días se alarguen en la tierra que el Señor tu Dios te da", se ve, en consecuencia, algo disminuido.

Tampoco, según el pesimismo científico, hay posibilidad alguna de que se obtenga la felicidad en una vida futura. En esto no hay ateísmo, aunque los argumentos que siguen parezcan tener un tinte agnóstico.

Como se ha visto, los placeres son, por regla general, indirectos, siendo ceses o alivios del dolor. Si se da por sentado que en una vida futura no habrá dolor, la dificultad no es superada, sino aumentada por el hecho del rápido agotamiento de la susceptibilidad nerviosa al placer. Además, como sin cerebro no hay conciencia, no será ilógico suponer que todo espíritu debe estar provisto de tal aparato; en cuyo caso las leyes psicológicas en la otra vida deben ser estrictamente análogas a las de la experiencia primitiva. La deducción se sigue por sí misma: también allí debe haber dolor y pena.

A esto se puede objetar que en una vida futura no hay necesidad de dolor o placer, y que el alma rescatada, en la contemplación, o el amor, o la práctica de la moralidad, será demasiado refinada para ser susceptible a cualquier sensación de una naturaleza más grosera. A todo esto el pesimismo avanzado tiene una pronta respuesta: primero, no puede haber moralidad, porque donde no hay cuerpo ni propiedad es imposible dañar a otro; segundo, no puede haber amor, porque toda forma de amor, desde la más elevada a la más baja, descansa sobre la base de la sensibilidad; cuando, por lo tanto, después de la abstracción de la forma, la voz, los rasgos y todas las acciones corporales que se manifiestan por medio del cerebro, no queda más que una sombra insustancial, ¿qué queda para amar? En tercer lugar, no puede haber contemplación, porque en un estado de clarividencia la contemplación es ciertamente inútil.

En estos argumentos, el pesimismo no niega la posibilidad de la existencia futura; sólo niega la posibilidad de la felicidad futura; y su lógica, por supuesto, no puede afectar en modo alguno a la posición de quienes sostienen que el hombre es incapaz de concebir o imaginar nada de lo que es o no será.

Desde el punto de vista religioso, el pesimismo avanzado enseña que la miseria de la vida es inmedicable, y despoja de toda ilusión con que se la ha envuelto hasta ahora; no ofrece, es verdad, ninguna esperanza de que una felicidad futura sea la recompensa del sufrimiento presente, y si de este modo ignora toda cuestión de recompensa y castigo, no por eso abre necesariamente una puerta a la libertad y a la inmoralidad; por el contrario, el pesimismo se mantiene firme en el primer principio de la mejor ética, y sostiene que los hombres harán el bien sin el deseo de ser recompensados, y se abstendrán del mal sin el temor de ser castigados.

En cuanto a lo que sigue a la muerte, no reconoce en el individuo más que la aspiración a liberarse de la tarea de cooperar en la evolución, el deseo de volver a sumergirse en el Espíritu Universal, y el deseo de desaparecer en él como la gota de lluvia desaparece en el océano, o como la llama de la lámpara se apaga en el viento. En otras palabras, no aspira a la mera felicidad, sino a la paz y al descanso; y mientras tanto, hasta que llegue la hora de la liberación, no exime al individuo de ninguna de las obligaciones que tiene para con la sociedad, ni de una que se deba a sí mismo. En resumen, el credo tal como está planteado es de caridad y buena voluntad para con todos los hombres; y, aparte de su negación de la felicidad futura, no difiere en su ética en ningún aspecto de las sublimes enseñanzas de la fe cristiana.

Parece trillado decir que estamos atravesando un período de transición, pues todas las cosas parecen apuntar a un cambio venidero; sin embargo, cualesquiera que sean las alteraciones que el tiempo pueda traer consigo, es difícil afirmar que la creencia aquí expuesta vaya a ser la religión del futuro, *n'est pas prophète qui veut* [no cualquiera puede ser profeta]; en todo caso, es fácil probar que el pesimismo no es una religión del pasado. Su misma juventud milita más en su contra; y aunque puede superar este defecto, tiene otras características objetables que para la mente promedio son igualmente poco tranquilizadoras: para empezar, es esencialmente iconoclasta; dondequiera que asoma la cabeza, lo hace en medio de un remolino de ilusiones que se desvanecen y un tambaleo y estrépito de superstición. Sin embargo, son pocos los que se desprenden plácidamente de estas posesiones; las ilusiones se abandonan a regañadientes, y en cuanto a las supersticiones, un sabio ha dicho: "¿Acaso no son esperanzas? Parece, pues, que al mostrar la inutilidad de cualquier búsqueda de la felicidad aquí o en el más allá, esta doctrina, si es que es recibida, habrá realizado una tarea muy ingrata. De hecho, es esta razón, si no otra, la que hará que durante algún tiempo sea considerada con desconfianza y aversión. Las masas son conservadoras, y su conservadurismo suele mantenerlas con uno o dos siglos de retraso con respecto al pensamiento avanzado; e incluso dejando a las masas fuera de la cuestión, uno tiene que ser muy hospitalario para recibir la verdad en todo momento como un huésped bienvenido, porque la verdad es ciertamente muy desnuda e intransigente; nos encanta suspirar por ella, decía Béranger, y, cabe añadir, la mayoría de nosotros nos detenemos ahí.

El pesimismo, además, aparentemente toma y no da nada a cambio; pero si se examina más de cerca, se encontrará que su misma melancolía se transforma en un consuelo que, aunque relativamente restringido, no es menos valioso. Taubert, una de sus más vigorosas expositoras, dice: "No sólo lleva la imaginación mucho más allá del sufrimiento real al que cada uno está condenado, y de esta manera nos protege de múltiples engaños, sino que incluso aumenta los placeres que la vida todavía nos depara, y duplica su intensidad. Porque el pesimismo, a la vez que muestra que cada alegría es una ilusión, deja el placer donde lo encontró, y simplemente lo inclina en un borde negro, desde el cual, en mayor relieve, brilla con más intensidad que antes."

Otra objeción que se ha formulado contra el pesimismo es que se trata de un credo de inactividad quietista. Sin embargo, ya no se le puede considerar como tal, pues si se le considera a la luz de sus desarrollos recientes, se verá que es, por encima de todas las demás creencias, la más directamente interesada en el progreso de la evolución. El pesimismo, recordémoslo, se popularizó no hace más de veinticinco años; en aquella época suscitó en ciertos sectores una aversión horrorizada, en otros fue acogido con apasionada aprobación; se escribieron libros y artículos a favor y en contra de él de la misma manera que saltaron a la imprenta libros y artículos en defensa y en contra de la teoría generalmente relacionada con el nombre de Darwin. Desde entonces, el tumulto se ha calmado gradualmente; por una parte, el pesimismo se acepta como un hecho; por otra, nuevos expositores, menos dogmáticos que su gran predecesor, y con un equipo de un cuarto de siglo de avance en el conocimiento, podan la doctrina original y la fortalecen con un pensamiento fresco y vigoroso. Entre ellas, y directamente después de Hartmann, Taubert ocupa el rango más alto. Esta escritora reconoce la verdad de la teoría de Schopenhauer de que el progreso trae consigo una conciencia más clara de la miseria de la existencia y de la ilusión de la felicidad, pero al mismo tiempo hace mucho hincapié en la posibilidad de triunfar sobre esta miseria mediante el sometimiento de las propensiones egoístas. Taubert considera que de este modo se puede alcanzar la paz o, al menos, disminuir notablemente la carga de la vida.

La desolación en la que Hartmann alojó el Inconsciente se hace así, si no confortable, al menos habitable. Pero mientras Taubert hace de tapicera, otro exponente deambula por las terrazas sombrías del pensamiento, y al hacerlo mira a su alrededor con la sombría suavidad de un sheriff que busca un lugar conveniente en el que clavar una factura de venta. Este escritor, Julius Bahnsen, es más conocido por su *Filosofía de la Historia* y una publicación reciente, *Lo trágico como primera ley del mundo,* cuyo título repulsivamente atractivo envió una nueva onda a través de los mares de la literatura. En estas obras puede decirse que se ha llegado al extremo del pesimismo, ya que su autor no sólo rivaliza con Schopenhauer en la representación del mundo como un tormento incesante que el Absoluto se ha impuesto a sí mismo, sino que va un paso más allá, y al negar que haya alguna finalidad incluso inmanente en la Naturaleza, afirma que el orden de los fenómenos es completamente ilógico. Recuérdese que el único placer puro que Schopenhauer admitía era el de la contemplación intelectual.

> "Ese bendito humor,
> En el que la carga del misterio,
> En el que el peso pesado y el cansancio

De todo este mundo ininteligible
se aligera."

Pero desde el punto de vista de Bahnsen, en la medida en que el universo carece totalmente de orden o diseño armonioso, puesto que no es más que la tenue morada cavernosa de fenómenos y formas inconexos, el placer que Schopenhauer admitió, lejos de causar goce, es simplemente una fuente de angustia para la mente inteligente y reflexiva. Incluso la esperanza de la aniquilación final, que Schopenhauer sugirió y Hartmann planeó, no le ha aportado más que un frío consuelo. La deja de lado como un sueño agradable y ocioso. Para él, la miseria del mundo es permanente e inalterable, y el universo no es más que la Voluntad desgarrándose en una eterna autopartición y un tormento sin fin.

Más allá de esto es difícil avanzar; pocos se han preocupado de ir siquiera tan lejos, y las bravatas y veleidades de esta doctrina no han sido tales como para causar más que un éxito de curiosidad. De hecho, las opiniones de Bahnsen se han mencionado aquí simplemente como parte de la historia, aunque no del desarrollo del pesimismo avanzado, y ahora pueden relegarse muy apropiadamente a la noche a la que pertenecen.

Resumiendo, pues, lo anterior, el pesimista moderno es un budista que se ha alejado de Oriente, y que en su éxodo ha dejado atrás todos sus grilletes fantásticos, y ha traído consigo, junto con las leyes éticas, sólo el principio cardinal: "La vida es un mal." En líneas generales, la diferencia entre ambos credos no es importante. El budista aspira a la nada universal, y el pesimista al momento en que, ante la Naturaleza, pueda gritar:

"¡Qué inmensa alegría, después de tanto sufrimiento!
A través de los escombros, sobre las fosas comunes,
Poder por fin lanzar este grito de liberación -
¡Más hombres bajo el cielo! ¡Somos los últimos!"'

Más allá de esta diferencia, los principios fundamentales de las dos creencias sólo varían por la distancia. El viejo Oriente, aunque todavía incipiente, exige una fábula, a la que el joven Occidente, aunque práctico, hace oídos sordos. Si eliminamos la palingenesia y los pasos para alcanzar el Nirvana, los dos credos son, a todos los efectos, exactamente iguales.

De las dos, el budismo es, por supuesto, la más fuerte; apela más a la imaginación y menos a los hechos; de hecho, numéricamente hablando, su fuerza es mayor que la de cualquier otra creencia. Según las estadísticas más recientes, en el mundo hay unos 8,000,000 de judíos, 100,000,000 de mahometanos, 130,000,000 brahmanes, 370,000,000 cristianos y 480,000,000 budistas; el resto son paganos, positivistas, agnósticos y ateos. En los últimos años el budismo se ha extendido a Rusia, y de allí a Alemania, Inglaterra y Estados Unidos, y dondequiera que se extiende allana a su paso el camino al pesimismo. El número de pesimistas es, por supuesto, imposible de calcular: los pesimistas instintivos abundan en todas partes, pero por limitado que sea el número de pesimistas teóricos, su literatura al menos aumenta cada día. Durante los últimos veinte años, puede decirse sin temor a equivocarse que no ha pasado un mes sin que apareciera alguna nueva contribución; y los desarrollos más recientes de la literatura francesa y alemana muestran que los innumerables argumentos, súplicas y réplicas que el tema ha suscitado han traído, en lugar de agotamiento, un nuevo y expandido vigor.

La oposición más violenta que ha tenido que afrontar el pesimismo ha venido, curiosamente, de los socialistas. Porque los socialistas, aunque pesimistas en cuanto al presente, tienen visiones optimistas para el futuro. Su grito no es contra la miseria del mundo, sino contra el capital que la produce. El artesano, dicen, es asfixiado por el producto de sus propias manos: cuanto más produce, más aumenta el capital que lo asfixia. Con el tiempo, dice Marx, sólo existirán unos pocos magnates frente a una enorme población esclavizada; y a medida que la riqueza aumente en proporción geométrica también lo hará la pobreza, y con ella la exasperación de la multitud. Entonces vendrá la explosión, y el socialismo comenzará su dominio. Ahora bien, el socialismo no predica, como generalmente se supone, la comunidad de bienes; predica simplemente la comunidad de beneficios y la abolición del capital como agente productivo. Por lo tanto, cuando llegue la explosión, los socialistas proponen convertir el Estado en un vasto y completo gremio, al que pertenecerán todo el capital productivo, la tierra y las fábricas. El derecho de herencia de la propiedad personal, cabe señalar, se mantendrá; y esto por una variedad de razones, de las cuales la más satisfactoria parece ser que tal derecho sirve como incentivo para la economía y la actividad. El dinero puede ahorrarse y decrecer, pero no se le debe permitir el poder de generarlo.

Se comprenderá fácilmente, incluso a partir de este breve resumen, que una doctrina como la de Hartmann, que se ocupa principalmente de refutar el valor de todos los aspectos del progreso, iba a suscitar con toda seguridad muchas réplicas por parte de quienes ven en la evolución futura de la vida social un vasto campo para la expansión del confort y la felicidad humanas.

A estas respuestas, los pesimistas sólo tienen una réplica, y es que cualquier esperanza de expansión de la felicidad es una ilusión. ¿Y es una ilusión? La sencilla Sra. Winthrop dijo: "Si nosotros, que sabemos tan poco, podemos ver un poco del bien y de los derechos, podemos estar seguros de que hay un bien y unos derechos mejores que los que nosotros conocemos." Pero entonces la Sra. Winthrop era ciertamente sencilla, y sus opiniones, en consecuencia, difícilmente son las de una vidente. Desde un punto de vista eudemonista, el mundo no parece estar mucho mejor ahora de lo que estaba hace dos o tres mil años; incluso hay quienes piensan que ha retrocedido, y que se vuelven hacia la civilización de Grecia y Roma con nostálgico pesar; y esto, a pesar del hecho de que desde la paz y el esplendor de estas naciones han descendido hasta nosotros gritos de angustia que son tan agudos como cualquiera de los que se han pronunciado en los últimos años. Verdaderamente, para el estudiante de historia cada época trae su propia sacudida. Ha habido mejoras en un sentido y pacificaciones en otro, pero la miseria se cierne con incansable constancia a través de todo ello. Cada año un nuevo descubrimiento parece apuntar a cosas aún mejores en el futuro, pero el progreso es tan innegablemente la quimera del presente siglo como la resurrección de los muertos lo fue del décimo; cada época tiene la suya, porque no importa a qué grado de perfección pueda llegar la industria, y a qué alturas pueda ascender el progreso, aún debe tocar alguna meta final, y mientras tanto el pesimismo sostiene que con la inteligencia en expansión llegará, poco a poco, el conocimiento fijo e inmutable de que de todas las cosas perfectas que contiene la tierra la miseria es la más completa.

Preguntarse si la vida es una aflicción parece, a partir de los hechos y argumentos ya presentados, algo innecesario. La respuesta parece en cierta medida una conclusión inevitable. Sin embargo, si se examina la cuestión sin prejuicios, la cuestión no sólo es dudosa, sino difícil de determinar. Si en cualquier comunidad inteligente el asunto se sometiera a votación por aclamación, la decisión sería sin duda negativa, y ello por diversas razones, la primera y más importante de las cuales es que noventa y nueve de cada cien personas se dejan llevar por el hilo de la apariencia externa y, cualesquiera que sean sus creencias privadas, desean que sus vecinos piensen que al menos ellos no tienen motivos para quejarse.

Es este deseo de aparecer bien a los ojos de los demás lo que hace que se les denomine gente de pacotilla, y lo que impide a tantas mentes orgullosas pero vulgares confesar su verdadera posición. En efecto, son pocos los que, salvo ante un íntimo, tienen el valor de reconocer que son desgraciados; actúa en ellos el mismo instinto que impulsa al animal herido a buscar las profundidades de los matorrales para morir. Por lo general, la gente se avergüenza del dolor, y se aparta para ocultar una lágrima del mismo modo que los susceptibles se apartan de un accidente en la calle, y se cubren los ojos ante una desgracia. Además, es muy habitual burlarse de los melancólicos, y en la buena sociedad es una ley no escrita que cada uno debe aportar una cierta cuota de alegría y jovialidad, o permanecer en una soledad de alcoba.

Además de esto, y más allá del insaciable deseo de parecer sereno y exitoso a los ojos de los demás, existe el terrible temor de parecer engañado y burlado de lo que aparentemente es un derecho de nacimiento universal; y, de acuerdo con una concepción general, hay el mismo tipo de bajeza moral evidenciada en una apelación no expresada pero visible de simpatía, como la que se manifiesta en la palma extendida del mendigo. Muchos, es cierto, son los que dejan caer la furtiva moneda, pero el mundo en general pasa con la mirada perdida. "Hay trabajo para todos", es un dicho común, y para los enfermos hay hospitales e instituciones; "Entonces, ¿para qué sirve dar?", se pregunta, y la respuesta sigue: "Los que piden limosna son unos farsantes." Si la limosna se entiende como simpatía, se descubrirá que los fraudes son pocos y distantes entre sí; porque, si a cada hombre y mujer que ha llegado a la edad de la razón, a esa edad, de hecho, que no es la establecida por el estatuto, sino la que cada caso individual establece por sí mismo; si a cada uno se le exprimiera primero el corazón y luego se le diseccionara, se descubriría tal extensión y prodigalidad de dolor que desafiaría a un índice y avergonzaría a una biblioteca.

Si se examina la tendencia de la literatura actual, se verá que apunta casi en la misma dirección. Antes, la novela terminaba con la unión de dos jóvenes, y el telón caía sobre un retablo de felicidad esperada. Sin embargo, hoy en día, como dice la frase francesa, todo eso ha cambiado. La ficción realista es un retrato de la vida tal como es, y no, como ocurría antes, un retrato de la vida tal como la queremos. Probablemente el romance más fuerte y más típico de los autores americanos recientes es *El retrato de una dama*; y este retrato de una chica de pura sangre, despierta a las más altas posibilidades de la vida, termina no sólo en su total desencanto, sino también, si he entendido bien al Sr. James, en su total degradación. En esa novela tan elaborada, *Daniel Deronda*, la moraleja no es muy distinta, y sin embargo su autor se situó a la cabeza de la ficción inglesa.

En la literatura francesa, la misma influencia es aún más notable. Está de moda abusar de Zola y decir que sus obras son obscenas; lo son, y también lo es la vida que describe, pero sus descripciones son fieles a la letra; y la miseria demacrada y gratuita que describe en l'*Assommoir* no es, en mi opinión, como para sonrojarse, sino más bien como para provocar lágrimas. La obra que esos príncipes de la literatura, los Goncourt y Daudet, han realizado, ha sido preparada, como podría decirse, con plumas punzantes de dolor. *Germanie Lacerteux*, la *Fille Eliza*, *Chérie*, *Jack*, el *Nabab* y el *Évangéliste*, no son más que un largo grito de agonía abigarrada pero idéntica. En este sentido, Turguenev estaba a la altura de su época, al igual que Spielhagen, considerado generalmente como el mejor novelista alemán.

La espléndida maldad de la Italia medieval ha hecho poco por inspirar a sus autores modernos. Los romances que más abundan allí son traducciones baratas del francés. De Amicis, el escritor nativo más popular, y cuyo nombre es familiar a todo el mundo como viajero tras las huellas de Gautier, ha escrito muy pocas historias, de las cuales la mejor, sin embargo, *Manuel Menéndez*, es la encarnación del alma de la tragedia.

Menos recientemente, Stendhal, Balzac y Flaubert han tocado la misma nota de acentuada desesperación; Musset ha cantado canciones que harían llorar a una estatua, y Baudelaire parece haber cenado tristeza con una larga cuchara. En resumen, el testimonio de todos los escritores puramente modernos es más o menos el mismo: la vida les parece una aflicción.

Esto, por supuesto, puede hacerlo sin alterar su valor para los demás; que cualquiera, por ejemplo, vaya a una muchacha bien educada y refinada de dieciocho años y le diga que la vida es una aflicción, y ella mirará a su informante como un vendedor de paradojas truculentas. Y a los dieciocho años, ¡qué fiesta es la vida! A una espléndida en belleza y rica en esperanzas, ¡qué magnífico le parece todo! ¡Qué países inexplorados, y sin embargo atrayentes, se extienden en el horizonte! El invierno es un beso que hormiguea, y el verano una cálida caricia; todo, hasta la muerte, es prometedor. Y luego imagínatela como será a los ochenta años, sin una sola ilusión más, y volviendo sus ojos cansados en busca de descanso.

La vida no es una aflicción para los que son y pueden seguir siendo jóvenes; hay algunos que, sin agua de juventud, siguen siéndolo hasta que la edad ha minado los cimientos de su ser; y es de ellos de quienes se obtiene la mayor alegría. Pero para los que viven, por así decirlo, en el fragor de la lucha, que ven caer con estrépito esperanza tras esperanza, y desvanecerse en el aire inmóvil ilusión tras ilusión; para el inteligente, para el observador, y especialmente para el que se ve obligado contra su voluntad a luchar en el furgón, la vida es una aflicción, una desgracia, una calamidad, y a veces una maldición.

Que hay muchos así lo demuestran las estadísticas que ofrecen los periódicos diarios; y si uno pudiera jugar a Asmodeus, y mirar en la vida secreta de todos los hombres, la evidencia obtenible parecería en su calvicie horriblemente indeseable. Los grados de sensibilidad, sin embargo, y la capacidad o incapacidad para soportar el sufrimiento, varían según el individuo. Hay hombres que se levantan de un insulto renovados; hay muchos para quienes una lesión es un tónico y el dolor un estimulante; y hay incluso un número mayor cuya sensibilidad es tan torpe que lo que es una tortura para otro es apenas una punzada para ellos.

El escritor tuvo el melancólico privilegio de asistir, hace poco tiempo, a una operación realizada en un hospital alemán. Un soldado común había sido arrojado de un caballo con tal fuerza que su codo estaba dislocado; en la *Klinik* puso su brazo no lesionado alrededor de un poste, y luego dejó que el cirujano tirara de una correa que había sido sujetada al otro, hasta que la articulación estuvo de nuevo en posición. Le vendaron el brazo y le dijeron que volviera en quince días. En su segunda visita le quitaron el vendaje y el cirujano, tras un violento esfuerzo, movió la articulación rígida hacia delante y hacia atrás. Durante ambas operaciones, la única evidencia de dolor fue una ligera contracción del labio superior, mientras que la expresión general de su rostro era la de una calma tan rígida como se requiere de un soldado cuando está en presencia de su superior. Para alguien como él, la vida no es más una aflicción que para la tortuga.

Luego están aquellos para quienes la vida es el sueño divertido de una hora, que revolotean a través de la existencia en bucles de luz amarilla, que encuentran placer en todas las cosas, y no se preocupan por el mañana; y éstos, tal vez, por encima de todos los demás, son los más envidiables. Son naturalezas como la suya las que suelen encontrarse en la ficción ordinaria, y que son tan singularmente infrecuentes en la vida real. En la fantasía se evocan con facilidad y, sin embargo, de alguna manera no parecen llevar el sello que la experiencia ha puesto en lo real. Que existen tales naturalezas es, por supuesto, absurdo negarlo, pero afirmar que son tipos persistentes apenas concuerda con los hechos. Hay, por ejemplo, muchos jóvenes que entran en la vida con una prodigalidad de suposiciones; ven que los demás sonríen, y que la vida, hasta en sus afueras, presenta una apariencia de agradable serenidad. La suposición que fomentan, de que se les asignará un porcentaje de felicidad, no es entonces irrazonable; por el contrario, es muy natural; pero en cuanto a la expectativa, somos, la mayoría de nosotros, muy conscientes de que sólo se mantiene durante un corto espacio de tiempo.

Este hecho, aunque evidente, no siempre se explica satisfactoriamente; de hecho, la razón por la que tantas personas se desilusionan con la vida es, quizás, explicable sólo por motivos psicológicos. A todas luces, el *papel* más importante a lo largo y ancho de la humanidad es el que desempeña el pensamiento. Su influencia es tan notable en una panadería como en el derrocamiento de un imperio; sin embargo, a pesar de los resultados que de él se derivan constantemente, Rousseau opinaba que "l'homme qui pense est un animal dépravé" ["el hombre pensante es un animal depravado"]. Balzac captó este tema y extrajo de él sus más severas deducciones. Para él era un disolvente de mayor o menor actividad, según la Naturaleza del individuo en quien actuaba. Otros lo han considerado como el ácido corrosivo de la existencia, y como el resorte principal de toda desgracia; todo esto puede o no serlo, pero que al menos es el factor primordial del desencanto, lo demuestra un ejemplo tan cotidiano como que el hombre, por regla general, y con muy pocas excepciones, se imagina de antemano los placeres y sensaciones que el futuro parece depararle, y sin embargo, cuando el futuro imaginado se convierte en el presente real, la desproporción entre los hechos y la fantasía es tan grande que resulta, en nueve de cada diez casos, en una completa insolvencia. Después de una o más bancarrotas de este tipo, el individuo generalmente se da cuenta de que ya ha tenido suficiente, por así decirlo, y deja que la esperanza siga en paz, con lo que la desilusión ocupa su lugar.

Para ser más exactos, es la incapacidad de mantener un equilibrio entre lo real y lo ideal; ésa es, en la mayoría de los casos, la causa del desencanto. A esto se puede añadir también que es porque cada uno está tan bien organizado para la desgracia que se encuentra una cantidad tan pequeña de rebelión declarada. Cuando aparece, es, por regla general, presentada por pensadores como los que se han mencionado en el curso de estas páginas, quienes, a través de su afirmación de lo innegable despiertan la antipatía y la animosidad de aquellos que aún no se han hartado de procedimientos en quiebra, y todavía esperan encontrar en la vida una cosa agradable que valga la pena vivir.

Puede decirse, en conclusión, y sin ningún intento discursivo, que la atmósfera moral del presente siglo está cargada de tres perturbaciones distintas: la disminución de la creencia religiosa, la insaciable demanda de sensaciones intensas y el creciente número de los que viven sin compañía y caminan en soledad. Que cada uno de estos tres efectos se debe a la misma causa es casi incuestionable. La inmensa náusea que se está extendiendo por todas las tierras y literaturas está actuando sobre la fe sencilla, las vidas satisfechas y la alegre buena camaradería de los días anteriores, y en sus resultados trae consigo los signos y presagios de una agitación venidera, aunque indeterminada. Jean Paul decía que nos preocupamos por la vida, no porque sea bella, sino porque deberíamos preocuparnos por ella; de ahí se sigue el razonamiento, repetido a menudo pero vacío, de que, puesto que amamos la vida, debe ser bella; y es a partir de una serie de deducciones no muy diferentes que la mayoría de los que todavía no están afectados por lo que, después de todo, puede no ser más que un cambio pasajero, siguen aferrándose resueltamente a la posibilidad de la felicidad terrenal.

De cada cien anglosajones inteligentes, rara vez hay dos que piensen exactamente igual sobre cualquier tema, ya sea arte, política, literatura o religión. De hecho, sólo hay una fe común a todos, y es la costumbre. Sin embargo, no es costumbre discutir un tema como el que se trata en estas páginas; y, por regla general, se considera de tan mala educación cuestionar el valor de la vida como tocar asuntos de naturaleza poco delicada o repulsiva.

Es quizás por esta última razón, así como por la gran diferencia de opiniones expresadas sobre todos los temas, por lo que, en Inglaterra, y especialmente en América, se habla tan poco sobre este tema, que durante muchos años ha sido de interés para el resto del mundo pensante, y que cada año gana en fuerza e importancia. Su solución final es, por supuesto, incierta. Schopenhauer recomendó la castidad absoluta como medio para alcanzar la gran meta, y Hartmann ha sugerido vagamente una negación universal de la voluntad de vivir; más recientemente, M. Renan ha aventurado la suposición de que en el avance de la ciencia alguien podría descubrir una fuerza capaz de volar el planeta en átomos, y que, si se manejara con éxito, aniquilaría, por supuesto, el dolor. Pero estas ideas, por practicables o impracticables que puedan ser en el futuro, no son por el momento más que teorías; el mundo no está todavía maduro para una quietud suprema, y mientras tanto el valor de la vida puede ser todavía cuestionado.

La cuestión, pues, de si la vida es valiosa, inútil o una aflicción, sólo puede responderse, con respecto al individuo, después de considerar las diferentes circunstancias que concurren en cada caso particular; pero, hablando en términos generales, y prescindiendo de sus necesarias excepciones, puede decirse que la vida es siempre valiosa para el obtuso, a menudo inútil para el sensible; mientras que para aquel que se compadece de toda la humanidad y simpatiza con todo lo que es, la vida nunca aparece de otro modo que como una inmensa y terrible aflicción.

El veredicto de un poeta

…Ni el poeta ni el vidente pueden mirar más allá. La naturaleza, que es inconsciente en su inmoralidad, fascinante en su belleza, salvaje en su crueldad, imperial en su prodigalidad y espantosa en sus convulsiones, no sólo es sorda sino muda. No hay respuesta a ningún llamamiento. Lo mejor que podemos hacer, lo mejor que se ha hecho nunca, es reconocer la implacabilidad de las leyes que rigen el universo, y contemplar con la mayor calma posible la nada de la que venimos y en la que todos desapareceremos. El único consuelo que nos queda, aunque también pueda ser ilusorio, consiste en la creencia de que, cuando llega la muerte, se acaban el miedo y la esperanza. Entonces cesa el asombro; lo insoluble ya no desconcierta; el espacio se pierde; el infinito queda en blanco; la farsa ha terminado.

Lo que no es el pesimismo

Cuando un hombre se suicida, su necrólogo afirma que estaba cansado de vivir. Invitamos a los lexicógrafos del futuro a tomar nota de que un necrólogo es un poeta. Nadie se ha cansado nunca de vivir. El hombre que acaba consigo mismo realmente quiere vivir. Lo que no quiere son las miserias que acompañan a su existencia particular. Errádicalas, y jurará por Matusalén. Un suicida es un optimista.

Para el común de los mortales, es el pesimista el que hace uso del puñal sin funda. Sin embargo, el pesimista no hace nada de eso. Tampoco se ríe de lo inevitable. Para él, todo puede suceder, incluso las cosas que más desea: la serenidad de espíritu, por ejemplo, o la ausencia de dolor. Con estos dones se contenta como si estuviera muerto. Como la posteridad no ha hecho nada por él, él no hace absolutamente nada por ella. Pero compartirá una paradoja con el primero que aparezca, pues es tan amigo de su vecino que si hubieran sido engañados por la misma mujer no podrían estar en mejores términos. El encanto del pesimista es que declina tomarse en serio a sí mismo, o, para el caso, a cualquier otro. Los sueños, lo sabemos, son verdad mientras duran; y para el pesimista vivimos en sueños, ocasionalmente en pesadillas, pero siempre en algo impermanente y evanescente como los colores que estrían una niebla. Para alguien que se aferra a un credo como ése, venga la pena que venga. El estoico nunca fue más plácido. Y sin embargo, por un capricho del entendimiento, un capricho que contiene todos los elementos de la calumnia, el pesimista ha sido confundido con el optimista. Pero es este último el que se lo toma todo a mal. Tiene muchas muñecas grandes, y su serrín lo desconcierta terriblemente. Él también lo dice en serio; le molesta que le pongan trabas, y de todas las cosas que le disgustan -y una lista de ellas desafiaría a un índice- el fracaso encabeza la lista. Ahora bien, el fracaso es muy saludable, mucho más que el éxito, pero el optimista no quiere saber nada de él, no entra en su esquema de la existencia; cuando le visita se golpea la cabeza contra la almohada, y entonces es cuando el necrólogo tiene su pequeña palabra: *Obit anus, abit onus* [muerta la vieja, se acabó la carga].

Por el contrario, el pesimista es el más satisfecho de los hombres. Sostiene que nada es tan malo como podría ser. Hazle un daño, y un canario no soportaría menos malicia. Hazle un favor, y estará a flote en un mar de sorpresas. También es cortés. Aunque escéptico como un trapero, estará de acuerdo con usted en todos los temas. Admitirá cualquier cosa, que hay tierras donde dos y dos son cinco, que hay otras donde los fluidos son sólidos. Incluso admitirá la posibilidad de sustancias morales. No niega nada, excepto una cosa, a saber, que la felicidad existe. En esto, la negación no se debe a la creencia, pues es un asunto de temperamento, sino a la razón, que es lógica.

En el despliegue de esa lógica tiene con placer una aventura pasajera. Y si el ojo microscópico se pone a trabajar, ¿qué es el placer si no es esto, un cese y alivio del dolor? De los encantos de este mundo -y este mundo tiene muchos-, el más singular de todos es, tal vez, el sillón después de una fatiga prolongada. O, si no es eso, entonces es la fiesta después del ayuno, la fanfarria del jolgorio y el remolino de plumas, la presión de la mano que anhelamos tocar. O, si no es nada de esto, entonces es el estrofio del vencedor, el laurel de la fama, las cuentas bancarias de la riqueza, o, por último y mejor, la paz pura y perfecta de la conciencia en reposo. El placer, cuando es agudo, es la realización de lo que más deseamos. Pero el deseo antecedente es el dolor; satisfecho, se adormece, y por uno que se satisface hay muchos sin satisfacer. El deseo también se prolonga, el placer es breve y estrechamente medido. El placer, además, es un huésped pasajero. En esa hospedería, nuestro corazón, es remplazado por otro. El primero es una aparición, el segundo una ilusión que aún perdura. La butaca en la que dormitábamos, la copa que bebíamos, los labios que habríamos rechazado para besar la tumba, la fiesta, el festival, todo ha sido nuestro. En lugar de un anhelo está el cese de una necesidad. A menos que surja uno nuevo, en el centro de nuestro deleite surgirá ese espectro cuyo nombre es *Ennui* [aburrimiento]. Esto en cuanto al placer. Si escuchas al pesimista, te dirá que oscila como un péndulo entre el aburrimiento y el dolor. Se equivoca, por supuesto.

Sin embargo, es un hecho curioso, pero bien comprobado, que los ciegos, que son las personas más compadecidas, poseen el semblante más sereno. Este fenómeno sirve al pesimista para corroborar un paralogismo, a saber, que cuanto más estrecho es el círculo de visión, mayor es la satisfacción y, a la inversa, cuanto más amplio es el círculo, mayor es el descontento. Sobre esta teoría hace alarde de una norma, por su opinión personal en la materia, o por la mía, no le importa un bledo. De la actividad de una época como la nuestra se aparta como de una orgía. Los geógrafos afirman que la tierra más feliz es la que tiene menos necesidad de importaciones. El pesimista afirma que el hombre más contento es el que se basta a sí mismo. La riqueza, le gusta señalar, consiste en la limitación de los deseos; y, en consecuencia, cuantos menos deseos, más serena la mente. Verdaderamente el idiota es más envidiable de lo que pensamos.

Pero es con la felicidad contra la que tiene su más feliz aventura. El placer ya lo hemos reconocido como un huésped pasajero, pero la felicidad es aún menos que eso, es una ficción de lo inexistente. En esencia es intangible, su deseo es insaciable y, como tal, nunca se cumple. Así al menos lo afirma él; pero nosotros, que tenemos las ideas más claras, tenemos derecho a suponer que la felicidad no es intangible, que consiste en lo que más deseamos, en la belleza por ejemplo, en el genio, la estima, la riqueza, la salud, la gloria y el poder. Sólo un sofista con un resfriado en la cabeza afirmaría que estas cosas son intangibles. No lo son, responde. Pueden obtenerse de dos maneras: de forma conyugal, como en el caso de un príncipe poeta, o tras prolongados esfuerzos. En el primer caso, su poseedor las toma como algo natural. Le son tan naturales como el aire que respira. Su ausencia le causaría malestar, su presencia no le produce ninguna alegría. En cambio, si su reunión se logra tras prolongados esfuerzos, el poseedor, al obtenerlos, se encuentra tan pobre como antes. Cuando representaban la felicidad era cuando estaban lejos.

Debe ser estúpido ser sabio estando solo, pero estas opiniones que el pesimista no comparte con nadie más que consigo mismo no le han desalentado en lo más mínimo. En su alegre misantropía es incluso coherente. Al negar que la felicidad exista hoy, niega que vaya a existir mañana, en ese mañana sin ley que la evolución tiene a su cargo. Según su idea, la edad de oro no está detrás de nosotros, sino más allá. La tierra, un día, será un jardín. La pobreza habrá desaparecido. No habrá más que una casta, la igualdad, y un gobernante, el amor. Las enfermedades habrán sido vencidas. Las supersticiones se habrán desvanecido. Incluso la envidia habrá desaparecido. En esa bendita era, cuando el hombre viaje será por el aire. Habrá abolido el tiempo y secuestrado el espacio. Atrapará un cometa, medirá el Infinito y visitará Marte. Tendrá nuevas armonías, horizontes sólidos y una vida más grande. Y en esta tierra de hadas donde se realiza el paraíso de Mahoma y también su profecía, donde las codornices vuelan asadas del espetón y los pavos se deshuesan, donde no hay fatiga ni trabajo, donde el dolor ha dejado de ser, la humanidad se aburrirá hasta la muerte. De los mil y un sultanes y sultanas de estas noches más nuevas, algunos se cortarán sus propias gargantas, otros las gargantas de otros. Porque el dolor es el concomitante inevitable de la vida, y es tan necesario para la humanidad como la quilla lo es para el barco. Si no lo fuera, pregunta el pesimista, ¿por qué se nos habría dado?

[…] En verdad, el hombre que saluda al desastre con una sonrisa no se parece al pesimista con el que la literatura nos ha familiarizado. En la galería de pícaros de la ficción, su cara está marcada por el abatimiento; es un quejoso que actúa por sí mismo; se quejaría de cualquier cosa: de la luz del sol, de las novelas de E. P. Roe, de los hechizos de la primavera o del bimetalismo. No hay nada sagrado en su gruñido: señalaba un lirio del campo y decía que había que quitarle el polvo. Las crónicas de sus actos y días tienen la monotonía de las regiones infernales: están hechas de gemidos. A los ojos de la belleza mirará como si algún diente pequeño hubiera minado su corazón de una juerga se levantará con disgusto. También despotrica un poco, como Hamlet.

Pero el individuo de la paradoja toca una guitarra diferente. Se lleva tan bien con el mundo que no podría ser azul aunque lo intentara. Para él, la vida es una farsa aullante: se sienta en su caseta y disfruta de ella. Se burla del típico pesimista como un maestro se burla de un aprendiz demasiado entusiasta. En ningún otro aspecto tiene la menor afinidad con él. Es un pesimista, en efecto, pero no un miserabilista, un lógico, no un idiota.

En su expresión más amplia, el credo que defiende es el de la satisfacción universal. En cuanto a su ascendencia, puede mirar atrás a través de las terrazas del tiempo y reclamar más cuarteles que el más baronial de los barones austriacos. Nació antes de la historia; su fundador fue Buda, un sabio cuya existencia se pierde en la magnificencia del

113

mito, y ahí descansa. Hoy en día, el pesimismo es un mosaico de tradiciones orientales y occidentales, un estrago limpio como el océano e imperecedero como el viento. Se basa en un tópico: lo que tenga que ser, será. Una vez comprendida esta proposición, se entiende fácilmente la jocosidad de su exponente teórico. No ve lógica, y menos razón, en hacer muecas a una cadena de necesidad en la que todos estamos interconectados. "Podemos alegrarnos", anuncia, "y arrepentirnos, podemos tomar buenas resoluciones; pero la alegría, el arrepentimiento y las buenas resoluciones vienen a nosotros por sí mismos, y no hasta que está establecido que lo hagan. Cuando llegan, por sincero que sea el arrepentimiento, por magníficos que sean los propósitos, el curso de las cosas sigue igual e inmutable que antes. Si la naturaleza destina a un hombre a ser sabio y valiente, sabio y valiente será. Si destina a otro a ser atolondrado e imbécil, atolondrado e imbécil será. No hay mérito ni culpa que atribuir a ella o a ellos. Los deseos que palpitan en nuestro corazón pueden rebelarse, pero la gran madre los apaga como una vela. Ella misma se gobierna, sus leyes son las nuestras".

Tal es su teoría. Perdónale. Es de suponer que la naturaleza lo destinó a ser atolondrado, y atolondrado se ha vuelto. No se puede culpar ni a ella ni a él. Y sin embargo, a pesar de la hilaridad de los maleducados, el pesimismo sigue siendo un caballero: su principio más importante, un principio, entre paréntesis, que tomó prestado de los moros, un principio que fundó la cortesía, es la abnegación de uno mismo. Enseña que es pequeño recordar, grande perdonar. Es una doctrina de caridad y buena voluntad hacia todos. En sus prescripciones no hay una sola lágrima. Y en cuanto a su única negación, la del logro de la felicidad, seamos indulgentes. Hemos tenido una eternidad a nuestras espaldas, y si en esa eternidad no encontramos ninguna utopía, ¿por qué habríamos de esperarla en los días venideros?

Bibliografía del prólogo

Edgar Saltus. *The Philosophy of Disenchantment and The Anatomy of Negation*. Underworld Amusements, 2014.

Ligotti, Thomas. *The conspiracy against the human race: a contrivance of horror*. New York, Hippocampus Press, 2010.

Thacker, Eugene. *Cosmic Pessimism*. Minneapolis, Univocal, 2015.

Warner, Beverley E. "Practical Pessimism". *New Englander*, XLVIII (1888), 432-442.

Bibliografía introducción

Beiser, Frederick. *Weltschmerz. El pesimismo en la filosofía alemana: 1860-1900*. Trads. Fernando Burgos, Antonio García y Slaymen Bonilla. Madrid, Sequitur, 2022.

Goodale, Ralph. "Schopenhauer and Pessimism in Nineteenth Century English Literature". *PMLA*, Vol. 47, No. 1, (1932), pp. 241-261.

Hook, Sidney. "Pragmatism and the Tragic Sense of Life". *Proceedings and Addresses of the American Philosophical Association*, Vol. 33 (1959 - 1960), pp. 5-26.

Plümacher, Olga, *El pesimismo en el budismo y otras religiones*. trad. H. W. Gámez, Sequitur, Madrid, 2023.

Rauchenberguerm W., *Los últimos momentos en la vida de Philipp Mainländer, según cartas inéditas y notas del filósofo, Ensayos sobre filosofía política*. trad. Manuel Pérez Cornejo, Alianza, Madrid, 2024.

Safranski, Rüdiger. *Los años salvajes de la filosofía*, trad. José Planells, Tusquets, Barcelona, 2011.

Saltus, Edgar. *Philosophy of Disenchantment*. The riverside Press, Cambridge, 1885.

___. *The Anatomy of Negation*. Williams and Norgate, London, 1886.

___. "What pessimism is not". *Love and Lore*. New York: Belford, 1890, pp. 50-61.

___. *Oscar Wilde: An Idler's Impression*. Brothers of the Book, Chicago, 1917.

Saltus, Marie. *Edgar Saltus, the Man*, Pascal Covici publisher, Chicago, 1925.

Sprague, Claire. *Edgar Saltus*. New York: Twayne Publishes, Inc, 1968.

Taylor, Kevin. *Edgar Saltus: The Dean of Decadence-Part one*: https://aimeecrocker.com/people/edgar-saltus-the-dean-of-decadence-part-one/

The record of the Class of 1876, Yale College, 1876-1892, New York, 1893.

Thomas, Tweed. *The American Encounter with Buddhism 1844-1912: Victorian Culture and the Limits of Dissent*. Bloomington: Indiana University Press, 1992.

Wier, D., *Decadent Culture in the United States: Art and Literature against the american grain: 1890-1926*. State University of New York, Albania, 2008.

Biblioteca pesimista - serie menor

1. Eduard von Hartmann - José Carlos Ibarra Cuchillo
Pesimismo, ética y felicidad

2. Julius Bahnsen - Manuel Pérez Cornejo
Breviario pesimista (Extractos)

3. Philipp Mainländer - Sandra Baquedano
Fragmentos pesimistas

4. Agnes Taubert - Manuel Pérez Cornejo
El pesimismo y sus adversarios

5. Olga Plümacher - H. W. Gámez
El pesimismo en el budismo y otras religiones

6. Matias Aires - A. Grupillo y M. Silva Freitas
Reflexiones sobre la vanidad de los hombres

7. Voltaire - Rousseau
Sobre el mal, la providencia y el optimismo

Biblioteca pesimista - serie mayor

1. Friedrich Dorguth
Textos schopenhauerianos
Edición y traducción de Jesús Carlos Hernández Moreno

2. Ulrich Horstmann
El monstruo. Perfiles de una filosofía antropófuga
Edición y traducción de Manuel Pérez Cornejo